Langenscheidt

Basic Training
Business English

Telefonieren

von O'Brien Browne

W0076762

Langenscheidt

Berlin · München · Wien · Zürich · New York

Autor: O'Brien Browne
Cover-Design: Independent Medien-Design
Redaktion: Andrea Lettner; Rory Bridson
Projektleitung: Evelyn Detterbeck

Hinweis: Alle Namen und Personen, die im Text als Beispiel vorkommen, sind frei erfunden. Eventuelle Ähnlichkeiten mit existierenden Personen und Unternehmen sind unbeabsichtigt und rein zufällig.

AE	amerikanisches Englisch
BE	britisches Englisch
F	formell
IF	informell; umgangssprachlich
s.o.	*someone,* jemand
s.o's	*someone's,* jemandes
s.th.	*something,* etwas
j-m	jemandem
j-n	jemanden
j-s	jemandes

Umwelthinweis:
Gedruckt auf chlorfrei gebleichtem Papier

© 2004 by Langenscheidt KG, Berlin und München

Druck: Druckhaus Langenscheidt, Berlin

Printed in Germany
ISBN 3-468-42482-5
www.langenscheidt.de

2. 3. 4. 5. 6. | 09 08 07 06 05

Inhalt

Vorwort

Die Reihe Basic **Training Business English** wurde speziell für
Berufstätige entwickelt, die die wichtigsten Redewendungen und
Vokabeln rasch wiederauffrischen oder nachschlagen möchten.
Auf den folgenden Seiten finden Sie die wichtigsten Redewendungen und Vokabeln, nach Themen und Anwendungssituationen
sortiert. Die gewünschten Redewendungen sind so gezielt und
problemlos auffindbar. Das Grundrepertoire, das Sie für eine
effektive, höfliche und sprachlich korrekte Kommunikation in der
Fremdsprache brauchen, wird bereitgestellt.

Der Inhalt ist übersichtlich und modular strukturiert. Die einzel-
nen Unterkapitel enthalten die folgenden konstitutiven Elemente:
Phrases: Nach gängigen Businesssituationen sortiert finden
Sie hier die wichtigsten Telefon-Redewendungen für Business
English.
Grammar: Ausgewählte Grammatikthemen, die deutschen Ler-
nern erfahrungsgemäß Schwierigkeiten bereiten, sind hier mit
Anwendungsbeispielen knapp und präzise erklärt.
Info: Praktische Tipps zu Businessetikette und interkulturellen
Unterschieden, zur Idiomatik und zu *False Friends.* Hinweise auf
Unterschiede zwischen dem amerikanischen *(AE)* und dem briti-
schen Englisch *(BE)* bzw. auf formellen *(F)* und informellen *(IF)*
Sprachgebrauch sichern das sprachliche Know-how.
Example: Ausgewählte Dialogbeispiele zeigen Business English
in Aktion.
Quick test und *Checkpoint:* Abwechslungsreiche Übungen und
Zwischentests dienen der Überprüfung der Sprachkenntnisse und
der Vertiefung der Redewendungen.
Vocabulary: Hier finden Sie das Vokabular zu jeder Einheit in-
klusive wichtiger Business-English-Zusatzbegriffe alphabetisch
aufgelistet.
Lösungsschlüssel: Die Lösungen aller Quicktests und Check-
points finden Sie auf Seite 94ff.

1 Kontaktaufnahme Making contact

1.1 Sich vorstellen *Introducing yourself*

Wenn die Kontaktaufnahme am Telefon erfolgt, fallen Gestik und Mimik weg, was die Sache unter Umständen erschwert. Doch auch wenn Sie Ihr Gegenüber nicht sehen, können Sie sich professionell vorstellen:

Phrases

Guten Tag. Mein Name ist ...	**Good afternoon. My name is ...**
Ich rufe aus Köln, Deutschland, an.	**I'm calling from Cologne, Germany.**
Hallo. Hier ist Claudia Fischer, die Geschäftsführerin von ...	**Hi, this is Claudia Fischer, CEO of ... *(IF)***
Guten Morgen. Hier ist Rainer Schell. Ist Herr/Frau ... da?	**Good morning. This is Rainer Schell. Is Mr/Ms ... there?**
Guten Tag. Hier ist Sara Page von *Westwood Chemicals*, Ltd.	**Good afternoon. This is Sara Page from *Westwood Chemicals*, Ltd.**
Hallo. Hier spricht Bob Reynolds, Produktionsleiter bei ...	**Hello. Bob Reynolds speaking, Production Manager at ...**
Hallo Jack, wie geht es Ihnen?	**Hi Jack, how are you doing?**
Hallo, hier spricht ... Wir haben uns letzten Monat auf der Handelsmesse kennen gelernt.	**Hello, this is ... We met at last month's trade fair.**
Hallo, Herr/Frau ... hat mir Ihre Nummer gegeben. Mein Name ist ...	**Hello, Mr/Ms ... gave me your number. My name is ...**
Morgen. Frau ... hat mir vorgeschlagen, dass ich mich mit Ihnen wegen ... in Verbindung setzen soll.	**Morning *(IF)*. Ms ... suggested to contact you about ...**
Guten Morgen. Vielleicht erinnern Sie sich noch an mich. Wir haben das Seminar über ... zusammen besucht.	**Good morning. Perhaps you remember me. We attended the seminar on ... together.**

Ach, ja. Ich erinnere mich. Sie arbeiten bei ..., richtig?	**Oh, yes. I remember. You work for ..., right?** *(IF)*
Oh, Herr/Frau ... Ich habe auf Ihren Anruf gewartet.	**Oh, Mr/Ms ... I've been expecting your call.**
Ich wollte Sie gerade anrufen.	**I was just about to give you a call.**
Schön, dass Sie sich wieder melden!	**How nice to hear from you again!**

Info Begrüßung: Je nachdem, wie das Verhältnis zu Ihrem Gesprächspartner ist, stehen Ihnen verschiedene Begrüßungsvarianten zur Verfügung. Rainer Shell und Sara Page verwenden **"Good Morning!"** bzw. **"Good Afternoon!"**, was etwas förmlicher klingt als ein einfaches **"Hello!"**. Claudia Fischer ist mit ihrem Gesprächspartner offensichtlich schon besser bekannt, denn sie begrüßt ihn salopp mit **"Hi!"**.

Vocabulary

abheben	**to pick up**	Handelsmesse	**trade fair**
Abteilungs-leiter(in)	**Departmental Head**	Leiter(in)	**head**
Anrufer(in)	**caller**	noch einmal anrufen	**to call again** *(AE)*, **to ring again** *(BE)*
auflegen	**to hang up**		
besuchen	**to attend**	PR-Abteilung	**public relations**
Büroange-stellte(r)	**clerk**		
		Produktions-leiter(in)	**Production Manager**
Geschäfts-führer(in)	**CEO (Chief Executive Officer); Managing Director**	Sachbear-beiter(in)	**specialist; administrative officer**
GmbH	**Ltd (Limited)** *(BE)*, **Co. (Company), Corp. (Corporation)** *(AE)*	Sekretärin der Geschäfts-führung	**Executive Secretary**
		sich vorstellen	**to introduce (oneself)**

Telefonhörer	**receiver**	Vertrieb	**Sales, Distribution**
Verkäufer(in)	**salesman, saleswoman**	vorschlagen	**to suggest**
		wählen	**to dial**

Quick test 1.1

1. Herr Voss aus Heidelberg ruft seinen Business-Partner in Newcastle an. Wie stellt er sich korrekterweise vor? Bitte kreuzen Sie die richtige Lösung an.

a) ☐ Hello. Here's Mr Voss from Heidelberg in Germany.

b) ☐ Hello. My name's Mr Voss, calling from Heidelberg, Germany.

c) ☐ Hello. Mr Voss speaking. I'm from Heidelberg, Germany.

2. Tragen Sie die unten stehenden Wörter richtig in die folgenden Lücken ein.

a) Good Morning. I'm .... from Germany.

b) We .... the sales seminar together, right?

c) I've been .... your call.

d) Hello. We met at last year's ....

expecting / calling / trade fair / attended

→ (Lösungen siehe S. 94ff.)

1.2 Den Grund Ihres Anrufes nennen
Giving the reason for your call

Nun sind Sie bereits mitten im Gespräch: Jetzt fangen die Herausforderungen erst an!

Phrases

Ich möchte gerne mit jemandem vom Vertrieb sprechen.	**I'd like to speak with somebody in Sales, please.**
Kann ich bitte mit Herrn/Frau ... sprechen?	**May I speak to Mr/Ms ... please?** *(F)*
Kann ich bitte mit ... sprechen?	**Can I speak to ..., please?** *(IF)*
Ich suche Herrn ... Er arbeitet im Einkauf.	**I'm looking for Mr ... He's in the Procurement Department.**
Wissen Sie, in welcher Abteilung er/sie arbeitet?	**Do you know his/her department?**
Ist ... heute da?	**Is ... in today?** *(IF)*
Spreche ich mit ...?	**Is this ...?** *(AE)/***Is that ...?** *(BE)*
Guten Morgen. Ich versuche Herrn/Frau ... zu erreichen. Ist er/sie da?	**Good morning. I'm trying to reach Mr/Ms ... Is he/she there?**
Mit wem spreche ich bitte?	**Who am I speaking to, please?**
Wer spricht da bitte?	**Who's calling, please?**
Ich rufe wegen .... an.	**The reason I'm calling is ...**
Ich melde mich auf Ihren Anruf hin.	**I'm returning your call.**
Ich rufe Sie zurück, um auf Ihre Email zu antworten.	**I'm ringing you back in reply to your email.**
Ich werde Sie nicht lange aufhalten.	**I won't keep you long.**

➔ Weitere Redewendungen finden Sie unter 3.2 Verbinden, S. 44ff.

Example: Zur Vertiefung ein kleiner Beispieldialog:

Receptionist: Good morning, *T&R Medical Supplies.* My name is Diane Weatherspoon, how may I help you?

Caller: Good morning, I'd like to speak to Raymond Hume in Marketing, please.

Receptionist: May I ask who's calling, please?

Caller: Certainly. This is Meike Uhrig, from Mannheim, Germany.

Receptionist: Right, Ms Uhrig, I'll put you through to Marketing. Just a second.

Caller: Thank you.

Grammar **I'd like to ...** und **Could I ...** sind Höflichkeitsfloskeln, die dem deutschen *Ich hätte/möchte gern ...* oder *Könnte ich bitte ...* entsprechen. Beide Formulierungen sind korrekt und freundlich (und nicht so förmlich, wie sie in deutschen Ohren klingen!). Sie können im Geschäftsleben praktisch jede Frage damit einleiten. Demgegenüber klingen Sätze mit **want** oder **must** eher unhöflich; sie werden schnell als zu direkt oder aufdringlich empfunden.

Vocabulary

(aber) sicher	**certainly**	EDV	**EDP (Electronic Data Processing)**
Alles klar!	**Right!** *(BE)*, **OK!** *(BE, AE)*		
Antwort	**reply**	Einkauf	**Procurement; Purchasing**
aufhalten	**to keep**		
Außendienst	**field force, sales reps**	Kundenbetreuung	**Customer Service**
		Lager	**warehouse**
Buchhaltung	**Accounting**	Lieferabteilung	**Shipping Department**
Controlling-Abteilung	**Controlling**	Marketingabteilung	**Marketing**

| Personal-abteilung | **HR (Human Resources)** | Rechtsabteilung | **Legal Department** |
| Qualitäts-sicherung | **Quality Control** | Zentrale; Hauptsitz | **headquarters** |

Quick test 1.2

1. Sie möchten mit dem Produktionsleiter sprechen. Wie würden Sie das ausdrücken? Kreuzen Sie die höflichste Formulierung an.

a) ☐ Good afternoon. I want to speak to the Production Manager, please.

b) ☐ Good afternoon. I must speak to the Production Manager, please.

c) ☐ Good afternoon. I'd like to speak to the Production Manager, please.

2. Wie könnten Sie es höflicher ausdrücken? Schreiben Sie die folgenden Sätze um.

a) I must talk to Ms Raleigh.

....

b) Do you want me to call you back?

....

c) He wants to speak with you now.

....

→ (Lösungen siehe S. 94ff.)

1.3 Buchstabieren *Spelling*

Gerade am Telefon braucht man das Buchstabieren häufig, da man nicht mal eben zur Visitenkarte greifen und das Problem auf andere Art und Weise lösen kann.

Phrases

Wie buchstabiert man das?	**How do you spell that?/ How's that spelled?**
Können Sie Ihren Familiennamen bitte buchstabieren?	**Could you spell your last name, please?**
Ich habe den Namen Ihrer Firma nicht ganz verstanden. Können Sie ihn bitte buchstabieren?	**I didn't quite catch the name of your company. Could you please spell it?**
Mein Vorname ist Georg; er wird so buchstabiert: großes „G" wie Golf, „e" wie Echo, „o" wie Oskar, „r" wie Romeo und noch mal „g" wie Golf.	**My first name is Georg, that's spelled capital "G" for golf, "e" for echo, "o" for Oscar, "r" for Romeo and again "g" as in golf.**
Meinen Sie „b" wie in „big"?	**Do you mean "b" as in "big"?**
Genau. Und das „b" wird kleingeschrieben.	**Right. With a lower-case "b".**
Wird das mit einem großen „R" geschrieben?	**Is that written with a capital "R"?**
Ist das Ihr Vor- oder Nachname?	**Is that your first or last name?**
Lassen Sie mich das für Sie wiederholen.	**Let me just repeat that back to you.**
Können Sie bitte langsamer sprechen?	**Could you please speak slower?**
Entschuldigung, das letzte Wort habe ich nicht verstanden.	**Sorry, I didn't understand the last word.**
Haben Sie etwas zum Schreiben?	**Have you got something to write with?**

Moment, ich muss erst ... holen.	**One second, I have to get ...**
... einen Block	**... a notepad.**
... einen (Notiz)Zettel	**... a piece of notepaper.**
... etwas zum Schreiben	**... something to write with.**
So, jetzt bin ich wieder da.	**OK, I'm back.**
Richtig?	**Is that correct?**

Info *Telefonalphabet:* Statt des englischen Telefonalphabets können Sie – wie viele Muttersprachler auch – geläufige Alltagswörter verwenden, also zum Beispiel **c for cat.** Aber passen Sie auf: Wenn Sie nur nach dem Lautbild gehen, kommt es unter Umständen zu Fehlgriffen und Sie sagen z.B. ***f** für **phone.** Beachten Sie auch, dass der Buchstabe **z** in Großbritannien **zed,** in den USA jedoch **zee** ausgesprochen wird.

Vocabulary

Abkürzung	**abbreviation**	(Notiz)Zettel	**notepaper**
Bindestrich	**hyphen**	Pünktchen	**dot**
Block	**notepad**	Stift	**pen, pencil**
buchstabieren	**to spell**	verstehen	**to catch**
Familienname	**last name *(AE, BE),* surname *(BE),* family name**	Vorname	**first name *(AE, BE),* forename *(BE),* given name**
Großbuchstabe	**capital letter**		
Initialen	**initials**	wie in	**as in**
kleingeschrieben	**lower-case**	wiederholen	**to repeat**

Quick test 1.3

1. Sie bitten jemanden, seinen Nachnamen zu buchstabieren. Wie lautet die angemessene Formulierung?

a) ☐ Could you spell your last name, please?
b) ☐ Please spell me your last name.
c) ☐ Can you spell your last name?

2. Jeweils einer der folgenden Sätze ist falsch, der andere korrekt. Bitte kreuzen Sie den korrekten Satz an.

1) a) ☐ Is that spelled with a great "L"?
   b) ☐ Is that spelled with a capital "L"?

2) a) ☐ You write that with a lower-case "c", right?
   b) ☐ You write that with a little "c", right?

→ (Lösungen siehe S. 94ff.)

1.4 Telefonnummern *Telephone numbers*

Auch das Erfragen oder Durchgeben von Telefonnummern gehört zum Grundrepertoire des Telefonierens. Die folgenden Beispiele werden Ihnen diese Aufgabe erleichtern.

Phrases

Wie lautet Ihre Telefonnummer?	**What's your phone number?**
Meine Telefonnummer lautet 713-604-7788 (sieben eins drei, sechs null vier, zweimal die Sieben, zweimal die Acht).	**My phone number is 713-604-7788 (713 – 6 oh 4 – double 7, double 8).**
Wenn Sie aus den USA anrufen, lautet die Ländervorwahl für Deutschland 01149.	**If you're calling from the USA, the country code for Germany is 01149.**
Was ist die Vorwahl für San Francisco?	**What's the area code for San Francisco?**

Können Sie mir Ihre Durchwahlnummer geben?	**Could you give me your extension number, please?**
Lassen Sie mich Ihnen meine Dienstnummer geben.	**Let me give you my work number.**
Meine Privatnummer ist ...	**My home number is ...**
Ich habe versucht, Sie unter der Nummer auf Ihrer Visitenkarte zu erreichen, aber es ist keiner drangegangen.	**I tried to reach you at the number on your business card, but nobody answered.**
Meine Dienstnummer hat sich geändert, aber meine Privatnummer ist immer noch dieselbe.	**My work number has changed but my private number is still the same.**
Haben Sie meine Telefonnummer noch oder soll ich sie Ihnen noch mal geben?	**Have you still got my telephone number or should I give it to you again?**
Sicherheitshalber schreibe ich sie noch einmal auf.	**I'll write it down again, just to be safe.**
Ich denke, ich habe Ihre Nummer verlegt.	**I think I've misplaced your number.**
Können Sie mir Ihre Nummer noch mal geben?	**Could you give me your number once again?**
Sie können mich den ganzen Tag unter dieser Nummer erreichen.	**You can reach me at this number all day.**
Sie können mich am besten zwischen ... und ... erreichen.	**You can best get me between ... and ...** *(IF)*
Sie haben meine Nummer schon, richtig?	**You've already got my number, right?** *(IF)*
Wie ist Ihr Name im Branchenverzeichnis aufgeführt?	**How are you listed in the company telephone directory?**
Sie können mich unter ... finden.	**You can find me under ...**
Ich sollte unter ... aufgeführt sein.	**I should be listed under ...**

→ Weitere Redewendungen siehe unter 2.5 Mobiltelefon, S. 36ff.

Info **Telefonnummern:** Im englischsprachigen Raum nennt man die Ziffern einzeln, wenn man jemandem eine Telefonnummer durchgibt. Anstelle des Bindestrichs macht man eine Sprechpause, zum Beispiel 491-5453 **(four nine one --- five four five three)**. Null können Sie entweder als **oh** oder als **zero** aussprechen. Wenn die letzten beiden Ziffern einer Telefonnummer Nullen sind, werden diese mit der Ziffer davor zu einer Hunderterzahl zusammengefasst, z. B. 721-0500 **(seven two one --- oh five hundred)**. Doppelte Zahlen werden wie folgt angegeben: 66 **(double six** oder **six six)**; 888 **(double eight eight** oder **eight eight eight)**.

Vocabulary

aufgeführt sein	**to be listed**	Handynummer	**cell phone number** *(BE)*, **mobile phone number** *(AE)*
Branchen-verzeichnis	**company directory**		
Dienstnummer	**work number**	Ländervorwahl	**country code**
Durchwahl	**extension (number)**	noch mal wählen	**to redial**
eine 4-stellige Nummer	**a four-digit number**	Null	**zero, oh**
		Privatnummer	**home number**
etwas verlegen	**to misplace s.th.**	schnurloses Telefon	**cordless phone**
Freizeichen	**dial tone** *(AE)*, **dialling/ ringing tone** *(BE)*	sicherheitshalber	**just to be safe**
		Telefonbuch	**directory; phone book**
		Visitenkarte	**business card**
gebührenfreie Nummer	**toll-free number** *(AE)*, **freephone number** *(BE)*	Vorwahl	**area code** *(AE)*, **dialling code** *(BE)*
		Wahltaste	**dial button**
		Ziffer	**digit**

Quick test 1.4

1. Wie würden Sie diese Telefonnummer korrekt aussprechen: 619-224-0023?

a) ☐ Sixty-one nine, double two four, double oh twenty-three

b) ☐ Six one nine, double two four, oh oh two three

c) ☐ Six one nine, twenty-two four, double oh twenty-three

2. Hier finden Sie drei Situationsbeschreibungen. Bilden Sie dazu Fragen mit *could*.

a) You need to know the caller's extension at work.

....?

b) You don't know the caller's area code.

....?

c) You want to know the caller's work phone number.

....?

→ (Lösungen siehe S. 94ff.)

1.5 Adressen und Wegbeschreibungen
Addresses and giving directions

Für die Abwicklung von Geschäften sind die korrekten Adressen Ihrer Geschäftspartner unabdingbar. Hier erfahren Sie, wie man am Telefon danach fragt. Außerdem lernen Sie, wie man einem Kunden oder Auftraggeber den Weg ins eigene Büro beschreibt.

Phrases

Können Sie mir bitte Ihre Adresse geben?	**Could you give me your address, please?**
Meine Postanschrift lautet ...	**My mailing address is ...**
Wie lautet Ihre Postleitzahl?	**What's your zip code *(AE)*/ post code? *(BE)***
Wie komme ich zu Ihnen?	**How do I get to your offices?**

Kommen Sie mit der U-Bahn?	**Will you be coming by subway (AE)/underground (BE)?**
Ich werde Ihnen jetzt den Weg zu uns beschreiben.	**Now I'll give you directions to our offices.**
Können Sie mir bitte den Weg von der U-Bahnhaltestelle zu Ihnen beschreiben?	**Could you please give me directions on how I get from the subway station to your offices?**
Es wird ausgeschildert sein.	**It will be sign posted.** *(BE)*
Wenn Sie mit dem Auto kommen, nehmen Sie die Ausfahrt Southhampton Row. Unsere Fabrik ist gleich auf der linken Seite.	**If you're coming by car, take the Southhampton Row exit off the motorway. Our factory is immediately on the left hand side.**
Ich emaile Ihnen eine Anfahrtsskizze, die zeigt, wie man mit dem Auto zu uns kommt.	**I'll email you a map showing how to get here by car.**
Ich schicke Ihnen einen Lageplan.	**I'll send you a map of our facilities.**
Wir befinden uns direkt im Zentrum.	**We are located right downtown (AE)/in the city centre (BE).**
Wir sind ziemlich einfach zu finden.	**Our offices are pretty easy to find.** *(IF)*
Sich können es nicht verfehlen.	**You can't miss it.**
Sie finden uns am Stadtrand.	**You'll find us on the outskirts of the city.**
Falls Sie die Ausfahrt verpassen oder sich verfahren, rufen Sie mich an.	**If you miss an exit or get lost, call me.** *(IF)*
Warten Sie am Empfang auf mich, ich komme hinunter, um Sie abzuholen.	**Wait for me at the reception desk and I'll come down to pick you up.**
Haben Sie gut hergefunden?	**Did you find it okay?** *(IF)*

→ Weitere Redewendungen siehe unter 1.3 Buchstabieren, S. 12ff. und 1.4 Telefonnummern, S. 14ff.

Info *Adressen:* In Großbritannien und den USA ordnet man die Bestandteile einer Adresse anders an als im deutschsprachigen Raum: Bei Privatpersonen kommt zuerst der Name, dann die Hausnummer, die Straße, die Stadt, das Bundesland oder die Region, die Postleitzahl und schließlich das Land, z. B. **Roger Thomas, 4569 Lincoln Drive, Morro Bay, California, 93404, USA.** Bei Firmen erscheint zuerst der Name, dann der Titel, die Abteilung, der Firmenname, die Hausnummer, die Straße, die Stadt, die Region, die Postleitzahl und schließlich das Land, z. B. **Ian Farley, Customer Service Representative, Service Department, Young and Son Plc, St George Square, Edinburgh EH8 9JX, UK.** Postleitzahlen bestehen in Großbritannien aus Buchstaben und Zahlen, in den USA hingegen nur aus Zahlen.

Grammar   Im Englischen gibt es drei Typen von Bedingungssätzen (**if**-Sätzen). Die Wahl der Verbformen in Hauptsatz und **if**-Satz hängt vom Typ ab:

Typ 1 (**if**-Satz: *simple present*, Hauptsatz: ***will**-Zukunft*): **If he leaves the office, she'll lock the door.**

Typ 2 (**if**-Satz: *simple past*, Hauptsatz: **would** + Infinitiv ohne *to*): **If she were rich, she'd live in downtown New York.**

Typ 3 (**if**-Satz: *past perfect*, Hauptsatz: ***would have + past participle***): **If it had been sunny yesterday, we would have gone to the beach.**

Wie im Deutschen kann entweder der Hauptsatz oder der **if**-Satz am Anfang stehen.

Vocabulary

abholen	**to pick up**	ansässig sein; sich befinden	**to be located**
Ampel	**traffic light**		
am Stadtrand von ...	**on the outskirts of ...**	Anschrift; Adresse	**direction**
Anfahrtsskizze	**map**	außerhalb	**outside (of)**
		Ausfahrt	**exit**

Autobahn	**motorway (BE), highway, freeway, turnpike (AE)**	Postleitzahl	**zip code (AE), post code (BE)**
Briefkasten	**mailbox (AE), letterbox (BE)**	sich verfahren	**to get/become lost**
Einrichtung; Anlage	**facilities**	Straßenschild	**street sign**
j-m den Weg beschreiben	**to give s.o. directions**	U-Bahn	**subway (AE), underground (BE)**
Lageplan	**map of the facilities**	verfehlen	**to miss**
		Verkehrsstau	**traffic jam**
Postanschrift	**mailing address**	Zentrum	**downtown (AE), city centre (BE)**

Quick test 1.5

1. Verbinden Sie die Satzanfänge (links) mit den richtigen Satzerweiterungen (rechts).

1) Could you please give me directions

2) I'll email you a map

3) Wait for me at the reception desk

4) If you miss an exit or get lost

a) and I'll come down to pick you up.

b) call me.

c) on how I get from the subway station to your offices?

d) showing how to get here by car.

2. Bitte schreiben Sie die korrekten Formen der Verben in Klammer in die Lücken.

a) Wait a minute and I .... (see) if he .... (be) in.

b) If you .... (have) any problems, ... (call) me.

c) It .... (be) good, if we .... (can) speak again.

➔ (Lösungen siehe S. 94ff.)

1.6 Auskunft *Directory enquiries*

Wer im Ausland beim Herausfinden von Telefonnummern, Adressen, Firmen- oder Privatnamen Hilfe benötigt, kann sich wie zu Hause an die Auskunft wenden.

Phrases

Guten Tag. Ich möchte nach ... telefonieren.	**Hello operator. I want to place a call to ....**
Hallo, bin ich bei Auskunft?	**Hello, is that directory enquiries?** *(BE)*
Kann ich bitte die Vorwahl für Chicago bekommen?	**May I have the area code for Chicago, please?**
Können Sie mir bitte sagen, was die Landesvorwahl für Kroatien ist?	**Could you please tell me the country code for Croatia?**
Guten Tag. Ich versuche mich zu Herrn/Frau ... durchzuwählen.	**Hello operator, I'm trying to get through to Mr/Ms ...**
Diese Nummer funktioniert anscheinend nicht. Können Sie es für mich probieren?	**This number doesn't seem to work. Could you try it for me?**
Können Sie bitte noch einmal nachsehen?	**Could you please check again?**
Das verstehe ich nicht. Es muss sich um einen Irrtum handeln.	**I don't understand. There must be some mistake.**
Ich bin mir nicht ganz sicher, wie man den Namen schreibt.	**I'm not quite sure how you spell his/her name.**
Ich möchte ein Ferngespräch nach... führen.	**I'd like to place a long-distance call to ...**
Ich möchte ein Gespräch mit Voranmeldung mit ... führen.	**I'd like to make a person-to-person call to ...**
Können Sie bitte eine Nummer für mich nachschlagen?	**Could you please look up a number for me?**
Kann ich nach Dublin durchwählen?	**Can I call direct to Dublin?**

Ich möchte mit dem Teilnehmer mit folgender Nummer in Neuseeland ein R-Gespräch führen.	**I'd like to make a collect *(AE)* call to at party at the following number in New Zealand.**
Hallo. Ich wurde gerade unterbrochen. Können Sie mich bitte wieder verbinden? Die Nummer lautet ...	**Hello. I've just been cut off. Could you please reconnect me? The number is ...**
Kein Anschluss unter dieser Nummer.	**The number you have dialled has been disconnected.**
Muss ich die „0" vorwählen, wenn ich nach ... telefoniere?	**Do I have to dial "0" first when calling ...?**
Kann ich die „0" weglassen?	**Can I omit the "0"?**

→ Weitere Redewendungen siehe unter 1.3 Buchstabieren, S. 12ff., und 1.4 Telefonnummern, S. 14ff.

Info *Gesprächstypen:* Ein **overseas call** oder **international call** ist ein *Auslandsgespräch*, ein **long-distance call** *(AE, BE)* oder **trunk call** *(BE)* ein einfaches *Ferngespräch*. Ein **person-to-person call** ist ein *Gespräch mit Voranmeldung*. Das kann ein **local call** *(Ortsgespräch)* oder ein **reverse charge call** *(BE)* bzw. **collect call** *(AE)* *(R-Gespräch)* sein. Mit Geschäftspartnern führt man **business calls** *(Dienstgespräche)*, mit Kollegen der eigenen Firma **internal calls** *(Hausgespräche)*.

Vocabulary

Auskunft	**directory enquiries (BE), directory assistance (AE)**	Auslandsnummer	**overseas number**
		die Auskunft anrufen	**to make an enquiry (BE), to call the operator (AE)**
Auslandsgespräch	**international call (BE), overseas call (AE)**	durchkommen	**to get through**
		ein Gespräch unterbrechen	**to disconnect**

eine Nummer nachschlagen	**to look up a number**	R-Gespräch	**collect call (AE), reverse charge call (BE)**
erneut verbinden	**to reconnect**		
Gelbe Seiten	**yellow pages**		
Kartentelefon	**charge phone; card phone**	Teilnehmer	**party**
		(Telefon) Vermittlung	**operator**
mit *j-m* telefonieren	**to place a call to *s.o.***	Telefonzentrale; Vermittlung	**switchboard**
Münztelefon	**coin phone (BE), pay-phone (AE)**	weglassen	**to omit; to leave out**
Ortsgespräch	**local call**		

Quick test 1.6

Vervollständigen Sie die folgenden Sätze mit den richtigen Wörtern aus unten stehender Liste.

a) The number you have dialled has been ....

b) Could you please tell me the .... for Italy?

c) Hello operator. I want to .... to Japan.

d) Hello operator. I've just been cut off. Could you please .... me?

e) May I have the .... for Chicago, please?

> area code / place a call / disconnected / reconnect / country code

→ (Lösungen siehe S. 94ff.)

2 Gesprächspartner nicht erreichbar
The Person called is not available

2.1 Nachrichten hinterlassen *Leaving messages*

Es kommt häufig vor, aber dennoch rechnet man nicht immer damit: Der gewünschte Gesprächspartner ist gar nicht im Büro. Was nun? Vermutlich hinterlassen Sie eine Nachricht.

Phrases

Ich möchte eine Nachricht für ... hinterlassen.	**I'd like to leave a message for ...**
Können Sie eine Nachricht an sie weiterleiten?	**Can you give her a message?/ Could you pass on a message to her?**
Würden Sie eine Nachricht entgegennehmen?	**Would you take a message?**
Können Sie ihr bitte sagen, dass ich angerufen habe?	**Could you please tell her that I called?**
Können Sie ihn informieren, dass ich wegen ... angerufen habe?	**Would you tell him that I called in reference to ...?**
Können Sie sie informieren, dass ich bezüglich ... angerufen habe?	**Could you inform her that I called regarding the ...?**
Können Sie ihm Bescheid sagen, dass ich im Auftrag von ... angerufen habe?	**Would you let him know that I called on behalf of ...?**
Ich bin heute Nachmittag außer Haus, morgen aber den ganzen Tag erreichbar.	**I'll be out of the office this afternoon, but I'll be available tomorrow the entire day.**
Morgen bin ich nicht im Haus, aber könnten Sie mich am ... zurückrufen?	**I won't be in tomorrow but could you ring me back on ...?**
Ich wollte mit Ihnen über ... sprechen.	**I wanted to speak with you about ...**

Ich wollte mich erkundigen, ob ...?	**I wanted to see if ...?**
Gibt es schon etwas Neues bezüglich ...?	**Anything new regarding ...?**
Schade, dass er nicht da ist. Aber vielleicht können Sie mir weiterhelfen?	**That's too bad that he isn't in _(IF)_. But perhaps you could help me?**

→ Weitere Redewendungen siehe unter 2.3 Zurückrufen, S. 30ff.

Example: Hier nun wieder ein kleiner Beispieldialog:

G. Dindar: Good morning. This is Gökhan Dindar calling from Germany. I'd like to speak to Melanie Dodson, please.

Secretary: Oh, I'm sorry she's gone to lunch.

G. Dindar: I see. Could I leave a message for her, please?

Secretary: Of course.

G. Dindar: Could you let her know that I called and that I'll be in the office all day until around six-thirty?

Secretary: Very good, Mr Dindar. I'll see that Ms Dodson receives your message.

G. Dindar: Thanks very much. Bye.

Secretary: Good-bye, Mr Dindar.

Vocabulary

Bitte	**request**	Feiertag	**public _(AE)_/ bank _(BE)_ holiday**
einen Tag frei nehmen	**to take a day off**		
erhalten; bekommen	**to receive**	im Auftrag von; im Namen von	**on behalf of**
erreichbar sein	**to be available**	Mittagspause	**lunch break**

Mittagspause machen	**to go to lunch; to be at lunch**	vertraulich	**confidential**
		bezüglich	**regarding**
Sache; Angelegenheit	**matter**	wegen; in Bezug auf	**in reference to**
Urlaub	**holiday** *(BE)*, **vacation** *(AE)*		

Quick test 2.1

Ergänzen Sie die Lücken in folgendem Dialog.

Caller: Good afternoon. My name is Beate Weber calling from Munich, Germany. Is Sally Magee in
a) .... ?

Secretary: Oh, I'm sorry, she's not **b)** .... at the moment.

Caller: Oh. Well, may I **c)** .... a message?

Secretary: Certainly.

Caller: Could you please **d)** .... her that I called **e)** .... the production problems at the plant in the Czech Republic?

→ (Lösungen siehe S. 94ff.)

2.2 Nachrichten entgegennehmen
Taking messages

Manchmal ist es auch anders herum: Sie fragen einen Anrufer, ob er eine Nachricht hinterlassen möchte. Dabei sollten Sie freundliche, präzise Fragen stellen, etwa so wie hier vorgeschlagen.

Phrases

Möchten Sie eine Nachricht hinterlassen?	**Would you like to leave a message?**
Kann ich eine Nachricht für sie entgegennehmen?	**Can I take a message for her?**
Kann ich ihm etwas ausrichten?	**Could I give him a message?**
Darf ich eine Nachricht aufnehmen?	**May I take a message?**
Haben Sie eine Nachricht (für sie/ihn)?	**Is there any message?**
Soll ich eine Nachricht an ihn weiterleiten?	**Shall I pass on a message to him?**
Soll ich ihm sagen, dass Sie angerufen haben?	**Shall I tell him that you called?**
Darf ich fragen, worum es geht?	**May I ask what this is in reference to?**
Darf ich ihr sagen, worum es geht?	**Can I tell her what it's about?**
Leider haben Sie auch heute kein Glück. Frau ... ist heute nicht im Haus, aber ich kann gerne etwas ausrichten.	**Unfortunately, you're still out of luck. Ms ... is not in the office today but I'd be happy to take a message.**
Ja, ich habe Herrn ... gesagt, dass Sie angerufen haben, aber er hatte noch keine Zeit, sich um die Sache zu kümmern.	**Yes, I told Mr ... that you called but he hasn't had the time to take care of this matter yet.**

Es tut mir Leid, er hatte heute noch keine Gelegenheit Sie zurückzurufen, aber ich bin mir sicher, dass er Ihre Nachricht erhielt.	**Sorry, he hasn't had much of a chance to ring you back today but I'm quite sure he got your message.**
Es tut mir Leid, aber er ist immer noch krankgeschrieben, aber ich werde ihm ausrichten, dass Sie angerufen haben.	**Sorry, he's still on sick leave but I'll let him know that you rang.**
Sie steckt bestimmt im Stau, aber ich werde dafür sorgen, dass sie Sie heute zurückruft.	**She must be stuck in traffic but I'll have her ring you back to day.**
Gibt es Nachrichten für mich?	**Are there any messages for me?**

→ Weitere Redewendungen finden Sie unter 2.3 Zurückrufen, S. 30ff.

Grammar **Much** oder **many**? Plural-**s** ja oder nein? Sie brauchen **much** in Kombination mit unzählbaren Dingen wie **time, work** oder **information**. Wenn es um zählbare Dinge wie **orders, phone calls** oder **meetings** geht, verwenden Sie **many**. Hier ein paar Beispiele:

He gave me **much** good advice.

I've received **many** messages and **much** information.

Many people prefer taking the subway to work.

Vocabulary

Arbeitszeiten	**office hours; working hours**	im Stau stecken	**to be stuck in traffic**
eine Nachricht hinterlassen	**to leave a message**	*j-m* eine Nachricht ausrichten	**to give *s.o.* a message**
eine Nachricht entgegennehmen	**to take a message**	kein Glück haben	**to be out of luck**
etwas gerne machen	**to be happy to do *s.th.***	krank geschrieben sein	**to be on sick leave**

sich um *etwas* kümmern	**to take care of** *s.th.*	weiter- leiten	**to pass on**
j-m Bescheid geben	**to let** *s.o.* **know**	zurückkommen	**to return**
Kollege	**office mate; colleague; co-worker**		

Quick test 2.2

1. Der Satz "*Can I tell him what this is about?*" ist Ihnen schon vertraut. Was könnte man stattdessen sagen? Kreuzen Sie an.

a) ☐ Can you please tell me all about it?
b) ☐ Could you please explain it to me?
c) ☐ May I ask what this is in reference to?

2. Wählen Sie jeweils das korrekte Wort, um die Sätze zu vervollständigen.

a) ... you like to leave a message?
  ☐ May / ☐ Could / ☐ Would
b) Shall I ... a message to her?
  ☐ pass on / ☐ provide / ☐ give further
c) Shall I tell him that you ...?
  ☐ have been calling / ☐ were called / ☐ called

➜ (Lösungen siehe S. 94ff.)

2.3 Zurückrufen *Calling back*

Wie versprachlichen Sie es, wenn Ihr Geschäftspartner in einer Besprechung oder auf Geschäftsreise ist oder wenn Sie selbst in der Situation sind, dass Sie jemanden zurückrufen müssen?

Phrases

Können Sie ihn bitten, mich heute vor 16 Uhr zurückzurufen?	**Could you please ask him to ring** *(BE)* **me back today before four o'clock?**
Können Sie ihr sagen, das sie mich irgendwann diese Woche zurückrufen soll?	**Would you tell her to ring** *(BE)* **me back sometime this week?**
Hallo, ich rufe zurück wegen ...	**Hello, I'm calling** *(AE)* **back regarding the ...**
Er hat mich gebeten, ihn zurückzurufen.	**He asked me to call** *(AE)* **him back.**
Ich wollte Herrn/Frau Richards zurückrufen.	**I'm returning Mr/Ms Richards' call.**
Es tut mir Leid, dass ich Sie nicht früher zurückrufen konnte.	**Sorry I couldn't ring you back earlier.**
Ich habe eine Nachricht erhalten, dass ich Herrn Page zurückrufen soll.	**I got a message to call Mr Page.**
Sind Sie den ganzen Tag unter dieser Nummer erreichbar?	**Are you going to be at this number all day?**
Wann wäre ein guter Zeitpunkt, ihn/sie zurückzurufen?	**When would be a good time to call back?**
Entschuldigung, ich bin gerade auf dem Weg zu einer Besprechung. Kann ich Sie später zurückrufen?	**I'm sorry, I'm on my way to a meeting right now. Could I call you back later?**
Hallo, Ich rufe Sie wie vereinbart zurück.	**Hello, I'm calling back as we agreed.**

Wird sie später verfügbar sein?	**Will she be available later today?**
Warum versuchen Sie nicht, sie heute Nachmittag zu erreichen?	**Why don't you try reaching her this afternoon?**
Ich werde mich so bald wie möglich mit Ihnen in Verbindung setzen.	**I'll get back to you as soon as possible.**
Ich rufe später zurück.	**I'll ring back at some other time.**
Tut mir Leid, er ist gerade in einer Besprechung. Kann er Sie zurückrufen?	**I'm afraid he's in a meeting right now. Can he call you back?**
Ja, es ist wirklich dringend.	**Yes, it's quite urgent.**
Nein, aber wäre schön, wenn wir heute irgendwann miteinander sprechen könnten.	**No, but it'd be good if we could speak sometime today.**
Er wird Sie zurückrufen, wenn die Besprechung zu Ende ist.	**Once the meeting's over, he'll ring you back.**
Das wäre schön. Vielen Dank.	**That'd be wonderful. Thanks a lot.** *(IF)*
Das würde mich freuen.	**I'd appreciate that.**

Grammar Wann gebraucht man *will*? Diese Zukunftsform wird von Deutschsprechenden bevorzugt, weil sie an das deutsche *werden* erinnert. Im Unterschied zu *werden* kommt *will* aber nur in bestimmten Situationen zum Einsatz, so zum Beispiel, wenn man etwas verspricht. Oder wenn man etwas sofort erledigen möchte, aber nicht ganz sicher ist, ob man dieses Vorhaben wirklich in die Tat umsetzen kann. Darüber hinaus findet die *will*-Zukunft in Kombination mit bestimmten Verben Verwendung, so zum Beispiel bei **I'll think, I'll believe, I'll might, I'll guess, I'll wonder.**

Vocabulary

anrufen	to ring *(BE)*, to call *(AE)*	schätzen; zu würdigen wissen	to appreciate
Aufmerksamkeit	notice	übergeben; verbinden	to transfer
Chef	boss	Unternehmer(in)	businessman, business-woman
dringend	urgent		
j-n zurückrufen	to get back to *s.o.*; to return *s.o's.* call	Zeitunterschied	time difference
Notiz	note	zu einem anderen Zeit-punkt	at some other time

Quick test 2.3

Ergänzen Sie den folgenden Dialog mit den vorgegebenen Wörtern

Secretary: Good afternoon, *Bristol Building Company,* my name is Jane Rose. How may I **a)** .... you?

Anke Schröder: Good morning. This is Ms Schröder calling from Germany. I got **b)** .... to call Oscar Peterson back.

Secretary: One second, I'll **c)** .... you.

Anke Schröder: Thanks.

Oscar Peterson: Peterson here.

Anke Schröder: Hello Mr Peterson, this is Anke Schröder. I'm **d)** .... your call.

Oscar Peterson: How nice **e)** .... from you!

> a message / returning / help / to hear / transfer

→ (Lösungen siehe S. 94ff.)

2.4 Anrufbeantworter
Telephone answering machines

Der Anrufbeantworter ist eine praktische Erfindung. Hier die
häufigsten Formulierungen, um jemandem auf Band zu sprechen.

Phrases

Dies ist eine Nachricht für Roberta Sanchez vom Marketing.	**This is a message for Roberta Sanchez in Marketing.**
Ich möchte eine Nachricht für ... hinterlassen.	**I'd like to leave a message for ...**
Können Sie bitte veranlassen, dass jemand aus der Produktion mich unter ... zurückruft? Danke.	**Could you please have someone in Production ring me back on *(BE)*/at *(AE)* ...? Thank you.**
Guten Morgen, hier ist Rick Harris von ... . Ich rufe an, um mit jemandem vom Vertrieb zu sprechen.	**Good morning, Rick Harris here from ... calling to get a hold of somebody in Sales.**
Hi Bob, hier spricht John. Ruf mich (doch mal) zurück, wenn du kannst. Tschüss.	**Hi Bob, this is John calling. Give me a call when you can. Bye. *(IF)***
Hallo Frau Lennon. Billy Goodman am Apparat. Ich rufe nur an, um mich zu erkundigen, wie das Projekt läuft. Wir reden später.	**Hello Ms Lennon. This is Billy Goodman ringing just to check on how's the project's running. Talk to you later. *(IF)***
Es sieht so aus, als ob ich Sie wieder mal verpasst habe. Falls Sie diese Nachricht heute abhören, rufen Sie mich bitte zurück. Danke. Wiederhören.	**Looks like I've missed you. If you listen to this message today, please call me back. Thanks. Bye.**
Sie haben Alberta Ball, die Assistentin des Finanzdirektors von Jeffrey C. Cox, erreicht.	**You've reached Alberta Ball, assistant to Jeffrey C. Cox, Financial Director.**

Ich bin zur Zeit nicht verfügbar. Bitte hinterlassen Sie Ihren Namen und Ihre Telefonnummer. Ich werde mich umgehend mit Ihnen in Verbindung setzen.	**I'm not available at the moment, but if you leave your name and telephone number, I'll get right back to you.**
Bitte hinterlassen Sie Ihre Nachricht nach dem Signalton.	**Please leave your message after the beep.**
Leider bin ich zur Zeit nicht im Büro.	**I'm afraid I'm not in the office at the moment.**
Unsere Bürozeiten sind montags bis freitags von 9 bis 18 Uhr, und samstags von 9.30 Uhr bis 17.30 Uhr.	**Our hours of business are from nine to six o'clock, Monday to Friday and from nine-thirty to five-thirty on Saturdays.**
Bitte hinterlassen Sie eine Nachricht; einer unserer Mitarbeiter vom Kundenservice wird Sie dann kontaktieren.	**Please leave your message and one of our Customer Service Representatives will be in touch with you.**

→ Weitere Redewendungen siehe unter 2.1 Nachrichten hinterlassen, S. 24ff. und 2.3 Zurückrufen, S. 30ff.

Info **Uhrzeit: "What time is it?"** Fast jeder kann diesen Satz einwandfrei aussprechen und benutzen. Schön. Aber das Problem ist, dass Englischsprechende etwas völlig anderes sagen würden, wenn sie nach der Uhrzeit fragen, etwa **"What time do you make it?" "Have you got the right time?" "What's the time?" " What time have you got?"** Verdammt! denken Sie jetzt. Immerhin bleibt Ihnen noch die Hoffnung, dass zumindest die passende Antwort klar und einfach ist: **"It's five twenty-three."** Korrekt? Ja, korrektes Schulenglisch ... aber die Mehrheit der Leute in Großbritannien und den USA würde so antworten: **"I make it five twenty-three." "My watch says five twenty-three." "I've got five twenty-three."** Es gibt ein schönes englisches Sprichwort: **What you see is not always what you get!**

Info **Die halbe Stunde:** Zeit hat in der modernen Geschäfts-
welt höchste Priorität. Aber Vorsicht: Jede Kultur hat ihre eigene Art und Weise, Zeitangaben zu machen. So bedeutet **half
eight** nicht *halb acht* (7.30 Uhr), sondern *halb neun* (8.30 Uhr)!

Vocabulary

anschalten	**to turn/switch on**	Piepser	**pager**
ausschalten	**to turn/switch off**	PIN-Nummer	**PIN (personal identity number) code**
Anrufbeant-worter	**telephone answering machine, answer phone *(BE)***	Signalton	**beep; bleep; tone**
		sich erkundigen	**to check**
aufnehmen	**to record**	speichern	**to save; to store**
Bürozeiten	**hours of business**	Taste	**key**
eingehende Nachrichten	**incoming messages**	Vertreter	**rep (resentative)**
Funkruf-empfänger	**beeper**	Wahlwieder-holungstaste	**redial button**
Lautstärken-taste	**volume control**	Wiedergabe	**playback**
		Wiedergabetaste	**play key**
Mailbox	**voice mail**	zurückspulen	**to rewind**
Nachrichten-Anzeigeleuchte	**message light**		

Quick test 2.4

Wie würden Sie den Anrufbeantworter in Ihrem Büro besprechen?
Sie arbeiten bei Global Export Inc. Sie sind momentan nicht erreichbar. Der Anrufer kann aber seinen Namen und seine Telefonnummer hinterlassen und Sie werden ihn dann zurückrufen. Ihre Geschäftszeiten sind Montag bis Freitag, von 9 Uhr bis 17.30 Uhr usw.

Hello, you've reached *Global Export Inc.* ....
....
....
....

➜ (Lösungsvorschlag siehe S. 94ff.)

2.5 Mobiltelefon *Cell phone*

Wenn Sie einen Ihrer Gesprächspartner nicht am Arbeitsplatz erreichen, ist es hilfreich, wenn Sie seine Handynummer haben. Hierzu einige hilfreiche Redewendungen.

Phrases

Wie lautet Ihre Handynummer?	**What's your cell phone** *(AE)* **number?**
Kann ich Sie auch mobil erreichen?	**Can I also reach you by cell phone?**
Sie können mich den ganzen Tag auf meinem Handy erreichen.	**You can reach me all day on my cell.**
Rufen Sie mich einfach auf meinem Handy an.	**Just give me a ring on my mobile phone** *(BE)*.
Ich werde Ihnen morgen eine SMS dazu schicken.	**I'll send you a text message about it tomorrow.**

Er hat mir die Preisliste per SMS geschickt.	**He sent me a text message containing the price list.**
Ich habe eine SMS mit ihrer Ankunftszeit von ihr bekommen.	**I got a text message from her concerning her arrival time.**
OK, ich habe Ihre Nummer auf meinem Handy gespeichert.	**OK, I've saved your number on my cell.**
Lassen Sie mich Ihren Namen in mein Handy eingeben.	**Let me enter your name in my mobile phone.**
Oh! Ich glaube, ich habe Ihre Nummer gelöscht!	**Oops! I think I've deleted your number!**
Ich habe eine Nachricht auf Ihrer Mailbox hinterlassen.	**I left you a message on your voice mail.**
Mein Handy ist immer eingeschaltet.	**I always keep my cell phone on.**
Abends schalte ich mein Handy aus.	**I turn my mobile phone off in the evening.**
Ich glaube, Ihr Handy klingelt.	**I think your cell is ringing.**
Ihr Handy hat gerade gepiept.	**Your mobile phone's just beeped.**
Bitte schalten Sie Ihr Handy während der Besprechung aus.	**Please switch your cell phones off during the meeting.**
Ich hatte mein Handy leider nicht dabei.	**Sorry, I didn't have my mobile phone with me.**

→ Weitere Redewendungen siehe unter 1.4 Telefonnummern, S. 14ff.

Info *False Friends:* Vergessen Sie nicht, dass **handy** zwar ein englisches Wort ist, aber eine ganz andere Bedeutung hat als im Deutschen. Der Begriff heißt nämlich *praktisch, handlich, griffbereit* und ist ein Adjektiv! Wenn Sie von Ihrem Mobiltelefon sprechen, sollten Sie lieber **cell phone** oder **mobile phone** sagen.

Vocabulary

Anrufliste	**incoming calls list**	Festnetz	**fixed-line network**
(aus)wählen	**to select**	Handy	**cell phone (AE), mobile phone (BE)**
Auswahltaste	**select button**		
betreffen	**to concern**	Kurzwahl	**quick dialling**
Blättertaste	**scroll button**	löschen	**to delete**
Display; Sichtanzeige	**display**	Netzwerk	**system; network**
durchblättern	**to scroll**	neuer Eintrag	**new entry**
Ein-/Aus-Taste	**on/off button**	Optionen	**options**
eingeben (Namen, Telefonnummern, usw.)	**to enter (names, telephone numbers, etc.)**	praktisch	**handy**
		SMS	**text message**
		speichern	**to save**
Einstellungen	**settings**	verfassen	**to compose**
enthalten	**to contain**		

Quick test 2.5

1. Ergänzen Sie die folgenden Sätze mit den passenden Wörtern.

> switch off / ring / a text message

a) Just give me .... on my mobile phone.
b) He sent me .... containing the price list.
c) Please .... you cells phones ....
during the meeting.

2. Wählen Sie bitte jeweils das korrekte Verb zur Ergänzung der folgenden Sätze.

a) I always ... my cell phone on.
☐ maintain / ☐ keep
b) He has ... your number on his mobile phone.
☐ saved / ☐ scored
c) Mary will ... a message on your voice mail.
☐ send / ☐ leave

→ (Lösungen siehe S. 94ff.)

Checkpoint A

1. Hier sind die Wörter etwas durcheinander geraten. Bilden Sie bitte Sätze.

a) already a you heard about I've lot
....
b) ago spoke two on mail I voice days your
....
c) the please message beep after leave your
....
d) you me please your could extension give number
.... ?

2. In jeder Zeile haben zwei Wörter eine ähnliche Bedeutung. Eines fällt jedoch aus der Reihe. Welches?

a) ☐ probably / ☐ possibly / ☐ unlikely
b) ☐ turn off / ☐ hang up ☐ / switch off
c) ☐ letter / ☐ number / ☐ digit

3. Bitte wählen Sie die richtigen Wörter für die folgenden Sätze aus.

a) What's the ... for California?
☐ mail code / ☐ zip code

b) I need to ... of somebody in Sales.
☐ catch a hold / ☐ get hold

c) Sorry, she's still on ...
☐ sick leave. / ☐ illness leave.

4. Welches Verb müssen Sie verwenden, um die folgenden Fragen richtig zu stellen?

a) I'd ... leave a message for Peter Mifflin, please.
☐ love to / ☐ like to

b) Could you please ... him know that I called?
☐ let / ☐ have

c) Would you tell him that I called ... Maria Brown?
☐ on behalf of / ☐ in the name of

5. Wählen Sie das richtige Verb und die richtige Präposition, um die Sätze zu vervollständigen.

Verb:

> take / located / ringing / put

Präposition:

> back / for / through / on

a) Could you .... me .... to Robert Johnson, please?
b) Our offices are .... the 25th floor.
c) Can I .... a message .... her?
d) I'm .... you .... regarding the price list.

→ (Lösungen siehe S. 94ff.)

3 Eingehende Anrufe *Incoming calls*

3.1 Anrufe entgegennehmen *Taking calls*

Wenn Sie an Ihrem Arbeitsplatz mit einem unerwarteten Auslandsgespräch konfrontiert werden, müssen Sie schnell reagieren und vielleicht sogar ein bisschen improvisieren.

Phrases

Raydon Automobilersatzteile, hier spricht .... Was kann ich für Sie tun?	***Raydon Automobile* Parts, ... speaking. What can I do for you?**
Hier spricht ...	**This is ... speaking.**
Am Apparat.	**Speaking.**
Können Sie bitte Ihren Namen wiederholen?	**Could you repeat your name again, please?**
Können Sie vielleicht in 10 Minuten noch einmal anrufen?	**Could you perhaps call back in 10 minutes?**
Möchten Sie später noch einmal anrufen?	**Would you like to call back later?**
Er ist heute nicht im Büro.	**He isn't in the office today.**
Sie haben ihn gerade verpasst.	**You just missed him.**
Oh, sie hat das Büro gerade verlassen.	**Oh, she's just stepped out of the office.**
Er ist momentan nicht da, versuchen Sie es später noch mal.	**He's not in right now but why don't you try again a bit later?**
Sie ist heute nicht im Haus.	**She's not in the office today.**
Er ist im Urlaub.	**He's on vacation *(AE)*.**
Sie ist gerade zu Tisch.	**She's gone to lunch.**
Sie ist momentan leider nicht zu sprechen.	**Unfortunately, she isn't available at the moment.**
Möchten Sie mit jemand anderem sprechen?	**Would you like to speak to someone else?**

Kann ich (Ihnen) behilflich sein?	**Can I be of assistance?**
Da kann ich Ihnen leider nicht weiterhelfen.	**I'm afraid I can't be of much assistance to you with this.**
Leider ist das nicht unbedingt mein Zuständigkeitsbereich	**Sorry, that's not really my area of expertise.**
Da müssen Sie sich an Frau/ Herrn ... wenden.	**You'll have to speak to Ms/Mr ...**
Der zuständige Ansprechpartner ist ...	**The person responsible for that is ...**
Mein Kollege, Herr/Frau ... kann Ihnen vielleicht besser helfen.	**Perhaps my colleague Mr/Ms ... can better assist you.**

→ Weitere Redewendungen siehe unter 3.2 Verbinden, S. 44ff. und 3.3 Gespräche übergeben, S. 46ff.

Info **Wie meldet man sich am Telefon?** In den USA und in Großbritannien reicht bei Privatpersonen ein einfaches **"Hello?"** Im Gegensatz zu Deutschland ist es nicht üblich, beim Abheben den eigenen Namen zu nennen. Im Job meldet man sich normalerweise mit dem Firmennamen, einer Begrüßung und einer Hilfsfrage, so z.B. mit **"Peterson Electronics, good after-noon. How may I help you?"** Bei Anrufen innerhalb der eigenen Firma meldet man sich entweder mit seinem Namen oder seiner Abteilung, also entweder mit **"Jones"** oder mit **"Production"**.

Vocabulary

außer Haus	**out of the office**	helfen; behilflich sein	**to assist**
besetzt	**busy (AE), engaged (BE)**	Hilfe	**assistance**
Besetztzeichen	**busy signal (AE), engaged tone (BE)**	hinausgehen	**to step out**
		leider	**I'm afraid**
		verantwortlich	**responsible**
geschäftlich unterwegs sein	**to be on the road**	verpassen	**to miss**
		Zuständigkeits-bereich	**area of expertise**

Quick test 3.1

1. Bilden Sie aus diesen Wörtern Sätze.

a) speaking help I you can how Mary Meyers

....?

b) with afraid of I to much I'm this be assistance can't you

....

c) repeat name you please could your again

....?

2. Bitte ordnen Sie die Satzanfänge (links) den passenden Satzenden (rechts) zu.

1) Would you like to   **a)** in the office today.
2) She's just stepped   **b)** call back in 10 minutes?
3) He isn't   **c)** out of the office.
4) Could you perhaps   **d)** speak to someone else?

→ (Lösungen siehe S. 94ff.)

3.2 Verbinden *Connecting the caller*

Wenn das Telefon bei Ihnen klingelt, Sie aber in der betreffenden Angelegenheit nicht der richtige Ansprechpartner sind, müssen Sie den Anrufer verbinden. Hier finden Sie wichtige Redewendungen, die Ihnen die Abwicklung erleichtern.

Phrases

Ich werde Sie mit Herrn/Frau ... verbinden.	**I'll connect you to Mr/Ms ...**
Lassen Sie mich Sie mit ... verbinden.	**Let me transfer you to ...**
Könnten Sie mich mit ... verbinden?	**Could you please put me through to ...?**
Macht es Ihnen etwas aus, zu warten?	**Do you mind holding?**
Bleiben Sie bitte am Apparat. Ich werde Sie verbinden.	**Hold on please. I'll connect you.**
Würden Sie mich bitte mit ... verbinden?	**Would you like me to connect you to ...?**
Lassen Sie mich Sie mit ... verbinden.	**Let me switch you over to ...**
Einen Moment bitte, ich werde Sie durchstellen.	**Hang on a sec. (= second) *(IF)* please. I'll put you through.**
Moment bitte. Ich bin gleich wieder bei Ihnen.	**One moment please. I'll come back to you directly.**
Bleiben Sie bitte dran.	**Would you please hold *(F)* the line?**
Nur eine Sekunde bitte.	**Just a moment please.**
Bitte warten Sie einen Augenblick, ich werde nachsehen, ob sie an ihrem Platz ist.	**Please hang on while I see if she's at her desk. *(IF)***
Lassen Sie mich schnell sehen, ob er heute im Haus ist.	**Let me see if he's in today.**

Bitte warten Sie. Er wird sofort am Apparat sein.	**Hold on. He'll be right with you.**
Sie kommt jetzt gleich.	**She's on her way.**
Es meldet sich niemand.	**I'm afraid there's no answer.**
Es ist leider besetzt.	**I'm afraid that the line is busy (AE).**
Anscheinend spricht er gerade auf der anderen Leitung.	**Looks like he's on the other line. (IF)**

→ Weitere Redewendungen siehe unter 3.1 Anrufe entgegennehmen, S. 41ff., und 3.3 Gespräche übergeben, S. 46ff.

Grammar Wie Sie sicherlich schon bemerkt haben, gebrauchen Sie die *will*-Zukunftsform immer dann, wenn Sie etwas gleich erledigen möchten. Im Deutschen verwendet man bei ähnlichen Anlässen jedoch das „normale" Präsens. *Ich verbinde* wird im Englischen also mit **I'll connect you** übersetzt. Daneben können Sie auch das *simple present progressive* als Zukunftsform verwenden: **I'm connecting you now.** In diesem Fall sind Sie sich zu 100% sicher, dass Sie das, was Sie versprochen haben, auch tun werden. Die Aussage ist deshalb definitiver als bei **will**.

Vocabulary

am Platz sein	**to be at your desk**	gleich wieder bei *j-m* sein	**to be right with s.o.**
behilflich sein	**to be of assistance**	hinzufügen	**to add**
dranbleiben; am Apparat bleiben	**to hang on (IF)**	*j-n* durchstellen	**to put s.o. through**
einen Anruf entgegennehmen	**to take a call**	*j-n* verbinden	**to connect/ to transfer/ to switch s.o.**
gleich da sein	**to be on your way**	warten; dranbleiben	**to hold on**

Quick test 3.2

1. Wählen Sie die passenden Wörter aus, um die folgenden Sätze zu vervollständigen.

a) I'll put you ...
☐ in. / ☐ on line. / ☐ through.
b) She's not in the ... today.
☐ work / ☐ office / ☐ company
c) Sorry, but he isn't ... at the moment.
☐ in house / ☐ available / ☐ in the company

2. Wie würden Sie antworten, wenn Ihr Kollege Sie fragt: "*There's a reverse charge call for you. Can you accept it?*"

a) ☐ Did he tell you his area code?
b) ☐ How much does it cost?
c) ☐ Sure, I'll take it.

→ (Lösungen siehe S. 94ff.)

3.3 Gespräche übergeben *Transferring Calls*

Die Übergabe von Gesprächen ist eine kleine, aber wichtige Sache. Wer diese schnell und reibungslos abwickelt, vermittelt seinem Gesprächspartner einen professionellen und effizienten Eindruck.

Phrases

Sie haben einen Anruf auf Leitung drei.	**There's a call on line three for you.**
Hier ist jemand am Apparat, der mit Ihnen sprechen will.	**There's a guy *(IF)* on the line who wants to speak to you.**
Können Sie einen Anruf aus Deutschland übernehmen?	**Can you take a call from Germany?**
Wer ist am Apparat?	**Who is it?**

Wer spricht?	**Who's on the line?**
Eine gewisse Frau Jones möchte mit Ihnen sprechen.	**A Ms Jones wishes to speak to you.**
OK, stellen Sie sie durch.	**All right, put her through.**
OK, ich werde das Gespräch übernehmen.	**OK, I'll take it.**
Hat er gesagt, worum es geht?	**Did he say what's it about?**
Bitte nehmen Sie seine Nummer auf; ich werde mich später mit ihm in Verbindung setzen.	**Take his number please and I'll get back to him later.**
Sie meint, dass es ein Privatgespräch ist.	**She says it's a private call.**
Sie meint, dass es ein Notfall ist.	**She's says it's an emergency.**
Notieren Sie seine Nummer und ich werde ihn später zurückrufen.	**Get his name and number and I'll ring him back later today.**
Er möchte seine Nummer nicht hinterlassen.	**He doesn't want to give his number.**
Sagen Sie ihm, dass er das faxen soll.	**Tell him to fax it.**
Colin hat angerufen, um zu sagen, dass er gegen Mittag da sein wird.	**Colin rang to say he'll be in around noon.**
Jemand aus London hat angerufen, der mit Ihnen sprechen möchte.	**Some guy _(IF)_ from London called looking for you.**
Gab es Anrufe, während ich außer Haus war?	**Were there any calls while I was out?**

→ Weitere Satzbeispiele finden Sie unter 3.2 Verbinden, S. 44ff.

Example: Zur Vertiefung hier nun ein Dialogbeispiel:

Laurie: There's a call on line two for you, Eileen.

Eileen: Who is it?

Laurie: A Mr Hammersmith, ringing from Manchester.

Eileen: Could you ask him what it's about?

Laurie: All right, just a sec. He's says it's about the upcoming merger.

Eileen: Oh, OK. I'll take it.

Laurie: Right. I'm putting the call through to you right now.

Eileen: Thanks.

Vocabulary

auf der anderen Leitung	**to be on another line**	Mann; Typ	**guy *(IF)***
bevorstehend	**upcoming**	Notfall	**emergency**
(einen Anruf) weiterleiten	**to put through**	Privatgespräch	**private call**
Fusion	**merger**	sofort	**right away**
fusionieren	**to merge**	ungefähr; gegen	**around**

Quick test 3.3

1. Verbinden Sie jeden Ausdruck oder Satz (links) mit einem Ausdruck oder Satz (rechts) mit ähnlicher Bedeutung.

1) to put through   **a)** Who's on the line?

2) What's it about?   **b)** to call someone

3) while I was out   **c)** to connect

4) Who is it?   **d)** during my lunch break

5) to ring someone   **e)** What does he want?

2. Bitte vervollständigen Sie den Dialog mit den unten stehenden Ausdrücken.

Dave: There's a call on line two for you.

a) You: ....?

Dave: A Ms Jackie Peterson, from *Applied Electronics*.

b) You: Did she say ....?

Dave: No, she wishes to speak to you personally.

c) You: Could you get her .... and
.... and tell her I'll call her back?

Dave: Well, she says it's rather urgent.

d) You: OK, I'll .... it.

---

name / take / what's it about? / phone number / Who is it?

→ (Lösungen siehe S. 94ff.)

4 Geschäftsvorgänge *Office operations*

4.1 Statusberichte *Status reporting*

Das **Reporting** *(Berichten)* ist eine der wichtigsten Methoden, Vorgesetzte über Unternehmens- und Marktentwicklungen zu informieren. Sie sollten in der Lage sein, *good news* und *bad news* auch am Telefon professionell zu überbringen.

Phrases

Ich rufe an, um über ... zu berichten.	**I'm calling to report on/about ...**
Ich möchte Ihnen einen Abschlussbericht über ... geben.	**I'd like to debrief you on ...**
Dieser Bericht wird Sie ... ins Bild setzen.	**This report will fill you in on ...**
Ich werde Ihnen einen kurz gefassten Bericht über ... geben.	**I'm going to give you a concise report about ...**
Ich möchte Feedback über ... vorlegen.	**I'd like to present some feedback concerning ...**
Was ist der aktuelle Projektstatus?	**What's the current status of the project?**
Wie schreitet das Projekt voran?	**How's the project coming along?**
Die Dinge gehen voran.	**Things are moving forward.**
Können Sie die Projektziele für mich umreißen?	**Could you outline the project targets for me?**
Hierzu brauchen wir dringend Ihre Unterstützung.	**We urgently need your support in this.**
Sie haben meine volle Unterstützung in dieser Sache.	**You have my full support in this matter.**
Es gibt eine Verbesserung in ...	**There has been an improvement in ...**
Wir hoffen, bis ... eine Wendung der Dinge herbeizuführen.	**We hope to turn things around by ...**

Wir sehen eine leichte Verbesserung bei ...	**We've seen a slight pick up in ...**
Alles läuft reibungslos.	**Everything's been running smoothly.**
Es gibt einen dramatischen Rückgang an	**There's been a dramatic drop in ...**
Die Zukunftsaussichten scheinen trüb zu sein.	**The outlook appears bleak.**
Das ist schade.	**That's too bad.** *(AE + IF)*
Die Leistung ist schwach.	**Performance has been poor.**
Können Sie den Bericht bitte ausarbeiten?	**Could you please write up the report?**
Das habe ich nicht gewusst.	**I didn't realize that.**
Sehr interessant!	**That's quite interesting.**

Info *Fingerspitzengefühl:* Falls Sie die unangenehme Aufgabe haben, schlechte Nachrichten zu überbringen, vergessen Sie nicht, dass es gegenüber englischen Muttersprachlern manchmal besser ist, nicht so direkt zu sein. Statt beispielsweise zu sagen **The results are awful!**, sollten Sie den Inhalt dieser Aussage lieber auf sanfte, diplomatische Weise vermitteln. Zum Beispiel mit Ausdrücken wie **rather** *(ziemlich)*, **somewhat** *(ziemlich)*, **pretty** *(ziemlich)*, **it seems that** *(es scheint, dass)*, **apparently** *(anscheinend)* oder **it looks like** *(es sieht so aus, als ob)*. Hier ein paar Beispiele:

Sales are **rather** down.

The figures are **somewhat** disappointing.

Apparently, somebody has made a mistake.

It looks like a problem has come up.

Example

Gavin: Hi Lynne. How're you doing today?

Lynne: Oh, not so great, I'm afraid.

Gavin: Why? What's the trouble?

Lynne: Well, the sales figures look pretty weak this quarter.

Gavin: Oh, that's too bad. Are we in the red?

Lynne: No, it's not that bad, but sales are worse than expected.

Gavin: Well, that's pretty disappointing news.

Lynne: Yes, but we hope to turn things around by summer.

Gavin: Well, good luck to you!

Grammar **Up is the word:** Im Englischen können viele Verben mit der Präposition *up* kombiniert werden, so zum Beispiel **to write up** *(ausarbeiten)*, **to follow up** *(weiterverfolgen)*, **to look up** *(nachschlagen)*, **to check up (on)** *(überprüfen)*, **to step up** *(steigern)*, **to wrap up** *(beenden)*, **to come up** *(auftauchen)*, **to sum up** *(zusammenfassen)*, **to pick up** *(abheben; abholen)*, **to eat up** *(verbrauchen)*. Dies alles sind Verben, die Ihnen im alltäglichen Gespräch häufig begegnen. Meistens ändert sich durch den Zusatz von *up* die Bedeutung des Verbs, manchmal sogar gravierend. Hier ein paar Beispiele:

Could you please **write up** the report?

I'll **follow up** on those customer requests.

She'll **look** that **up** in the Yellow Pages.

Vocabulary

abflauen; zurückgehen	**to take a downturn**	leicht; geringfügig	**slight**
abschließen; beenden	**to wrap up**	Leistung	**performance**
Abschlussbericht	**debriefing**	Nachfragerückgang	**fall in demand**
aufbrauchen; verzehren	**to eat up**	reibungslos	**smoothly**
auf den neuesten Stand bringen	**to update**	rote/schwarze Zahlen schreiben	**to be in the red/black**
auftauchen; aufkommen	**to come up**	Rückgang	**drop**
ausarbeiten; ausführlich darstellen	**to write up**	schwach; mager	**poor**
		sich machen; vorangehen	**to come along**
berichten über	**to report on/about**	steigern; verstärken	**to step up**
Beurteilungen	**appraisals**	trüb	**bleak**
deutlicher Rückgang; Absinken	**slump**	umreißen; skizzieren	**to outline**
durchführen; implementieren	**to implement**	Verbesserung	**improvement; pick up**
Einnahmen	**revenue**	weitermachen	**to move forward**
Endtermin	**deadline**		
etwas überprüfen; *etwas* kontrollieren	**to check up (on *s.th.*)**	weiterverfolgen	**to follow up (on)**
etwas wenden; sanieren *(Firma)*	**to turn *s.th.* around**	wieder anziehen	**to rebound**
		Ziel	**target; objective**
j-n über *etwas* ins Bild setzen	**to fill *s.o.* in on *s.th.***	Zukunftsaussichten	**outlook**
kurz gefasst; präzise	**concise**		

Quick test 4.1

1. Welches *up*-Verb vervollständigt den Satz richtig? Bitte kreuzen Sie an.

1) Mr Parker is going to .... the report
   a) ☐ follow up
   b) ☐ write up
   c) ☐ look up

2) Let's .... the conference
   a) ☐ pick up
   b) ☐ call up
   c) ☐ wrap up

3) I think, we should .... production.
   a) ☐ wrap up
   b) ☐ step up
   c) ☐ look up

2. Ergänzen Sie bei den folgenden Sätzen die richtige Präposition. Wiederholen Sie falls nötig vorher die Redewendungen und die Grammatik von 4.1.

a) I'm calling to report .... the outlook.
b) I'd like to debrief you .... the new project.
c) He is going to check .... on those figures.
d) There's been a dramatic drop .... sales.
e) We'll have to step .... our marketing in that sector.

→ (Lösungen siehe S. 94ff.)

4.2 Bestellungen *Orders*

Egal, ob Sie geschäftlich mit China oder Singapore, Los Angeles oder Ankara zu tun haben, das Telefonieren spielt vor allem beim Bestellen eine sehr wichtige Rolle. Im Folgenden lernen Sie, wie Sie Ihre Wünsche am effektivsten zur Sprache bringen.

Phrases

In Ihrem Katalog steht, dass ...	**In your catalogue it says that ...**
Ich möchte ... bestellen.	**I'd like to place an order for ...** **I'd like to order ...**
Ihrer Website zufolge ...	**According to your web site ...**
Bieten Sie Mengenrabatt/ Skonto an?	**Can you offer any discounts on bulk orders?**
Haben Sie das zur Zeit vorrätig?	**Do you have it in stock at the moment?**
Wie viel(e) möchten Sie bestellen?	**How many would you like to order?**
Haben Sie eine Kundennummer?	**Have you got a customer number?**
Sind Sie schon Kunde bei uns?	**Do you already have an account with us?**
Ich wäre dankbar, wenn Sie das per Luftfracht versenden könnten.	**I'd be grateful if you could ship that via air freight.**
Wir brauchen die Lieferung bis spätestens Mittwoch.	**We need delivery by Wednesday at the latest.**
Ist es möglich, die Lieferzeit vorzuziehen?	**If possible, could we bring the delivery date forward?**
Kann die Lieferung mit Express- versand verschickt werden?	**Could the shipment be sent via express delivery?**
Wäre es möglich, die Menge von 4000 auf 5500 Einheiten zu erhöhen?	**Would it be possible to increase the amount from 4,000 to 5,500 units?**
Können Sie die Lieferung bitte (schon) am 15. aussenden, eine Woche früher als geplant?	**Could you please ship the consignment on the 15th, a week earlier than arranged?**

Ich werde die Änderungen vornehmen, um die Sie gebeten haben.	**I'll make the changes you've requested.**
Kein Problem. Ich ändere einfach Ihre Bestellung und schicke Ihnen eine Bestätigung per Email.	**No problem. I'll just alter your order and send you a confirmation via email.**
Leider ist es zu spät, Änderungen in Ihrer Bestellung zu machen.	**Unfortunately, it's too late to make any alterations in your order.**
Berechnen Sie eine Gebühr für Bestellungsänderungen?	**Do you charge a fee for changing orders?**
Leider müssen wir unsere Bestellung stornieren.	**Unfortunately, we have to cancel our order.**
Ich muss Ihnen leider mitteilen, dass wir unsere Lieferzeiten ändern müssen.	**I'm sorry to inform you that we have to reschedule the delivery dates.**
Wir bedauern diese späte Stornierung.	**Sorry for this late cancellation.**
Es tut uns Leid, falls dies irgendwelche Umstände verursacht haben sollte.	**Sorry for any inconvenience this may have caused.**

→ Weitere Redewendungen finden Sie unter 1.2. Den Grund Ihres Anrufes nennen, S. 9ff., und 4.3 Reklamationen, S. 59ff.

Grammar Das kleine Wort **by** entspricht zwar äußerlich dem deutschen *bei,* hat im Englischen jedoch viele Bedeutungen: *mit, von, neben, in der Nähe von, bis* und *um.* Hier ein paar Beispiele:

Please ship that **by** truck. *(mit)*

A painting **by** Amedeo Modigliani. *(von)*

Peggy is standing **by** the window. *(neben)*

Santa Barbara is right **by** Los Angeles. *(in der Nähe von)*

Prices have fallen **by** 12 percent. *(um)*

We must have the shipment **by** next Tuesday. *(bis)*

Vocabulary

(Ab-, Um-, Ver-) änderung	**alteration**	Großmenge	**bulk**
ändern	**to alter**	höchstens	**at the most**
Absage; Stornierung	**cancellation**	in Rechnung stellen	**to charge**
Anstieg; Zunahme	**rise (in)**	Lieferant	**distributor**
		Lieferdatum	**delivery date**
Auftrags-abteilung	**Order Department**	Lieferung	**shipment; consignment**
Auftragsnummer	**order confirmation number**	Luftfracht	**air freight**
		mindestens	**at the least**
		mit dem Lkw	**by truck (AE), by lorry (BE)**
außerhalb	**beyond**	per Schiff	**via ship; by ship**
Bedarf	**demand**		
bestätigen	**to confirm**	planen; arrangieren	**to schedule**
Bestätigung	**confirmation**		
bestellen	**to place an order**	plötzlich (Adjektiv)	**sudden**
Einheit; Stück	**unit**	Rechnung	**invoice; bill**
Einzelstückpreis	**price per piece**	reduzieren	**to cut**
erfüllen; ausführen	**to fulfil (AE), to fulfill (BE)**	sinken; reduzieren	**to decrease**
etwas führen; etwas auf Lager haben	**to stock s.th.**	spätestens	**at the latest**
		Spediteur	**forwarding company (forwarders); haulage company (BE)**
Expressversand	**express delivery**		
fordern; bitten	**to request**	steigern; erhöhen	**to increase**
frei Schiff	**FOB (free on board)**	steuerfrei	**free of tax**
frühestens	**at the earliest**	stornieren; absagen	**to cancel**
Gebühr	**fee**		

Summe	**sum; total**	vorrücken; vorschieben	**to bring forward; to move up** *(AE)*
Umstände	**circumstances**		
Versandliste	**packing slip; packing list**	Waren	**goods; merchandise**
vorläufig; vorübergehend	**for the time being**	wegen; auf Grund von	**due to**
vorrätig	**on stock; in stock**		

Quick test 4.2

1. Bitte wählen Sie das richtige Wort oder die richtigen Wörter für die folgenden Sätze aus.

a) Unfortunately, it's too late to make any ... in your order.
☐ new amounts / ☐ requests / ☐ alterations

b) If possible, could we bring forward the ...?
☐ schedule date / ☐ supply time / ☐ delivery date

c) Do you charge ... for changing orders?
☐ an invoice / ☐ a fee / ☐ an amount

2. Bitte ergänzen Sie die Sätze mit den passenden Wörtern aus dem Kasten.

I'm sorry to **a)** .... you that we have to **b)** .... our order. **c)** .... to the airline strike, we cannot place any orders. Sorry for this late **d)** .... I hope this has caused no **e)** ....

cancellation / inconvenience / due / cancel / inform

➜ (Lösungen siehe S. 94ff.)

4.3 Reklamationen *Complaints*

Wenn Sie sich bei jemandem beschweren oder ihn auf einen Fehler hinweisen möchten, müssen Sie besonders vorsichtig sein, denn es kommen eine Menge interkultureller Unterschiede ins Spiel.

Phrases

Ich möchte mich beschweren.	**I'd like to make a complaint.**
Leider müssen wir eine Beschwerde machen.	**I'm afraid we have to register a complaint.**
Es scheint so, als ob eine Verwechslung vorliegt.	**Looks like there has been a mix-up.**
Sie haben uns das falsche Produkt geschickt.	**You shipped us the wrong product.**
Die Beträge/Summen stimmen nicht.	**The amounts/totals aren't right.**
Können Sie mir bitte die Rechnungsnummer geben?	**Could you give me the invoice number, please?**
Die Rechnung beinhaltet einige Ungenauigkeiten.	**The invoice contains several inaccuracies.**
Mit dem/der ... stimmt etwas nicht.	**There's something wrong with ...**
Die Waren haben uns bis jetzt nicht erreicht.	**The goods haven't reached us yet.**
Die Lieferung ist überfällig.	**The shipment is past due/ overdue.**
Wir haben diese Artikel nicht bestellt.	**We didn't order these items.**
Wir müssen sie Ihnen unfrei zurückschicken.	**We'll have to return them to you, at your cost.**
Das muss ich hier bei uns prüfen.	**I'll have to check that out at our end.**
Die Zollerklärung wurde falsch ausgefüllt.	**The customs declaration has been incorrectly filled out.**
Das werde ich so schnell wie möglich erledigen.	**I'll get things moving as quickly as I can.**

Wir bedauern die Umstände.	**We are very sorry for the inconvenience.** *(F)*
Herzlichen Dank für Ihre Rückmeldung.	**Thank you very much for getting back to us on this.**
Die Meinung unserer Kunden liegt uns besonders am Herzen.	**Our customers' opinions are of the greatest importance to us.** *(F)*
Kann ich Ihnen als Entschädigung ... anbieten?	**Can I offer you ... in compensation?**
Selbstverständlich müssen Sie die beschädigte Ware nicht bezahlen.	**Of course you don't have to pay for the damaged goods.**

→ Weitere nützliche Satzbeispiele finden Sie unter 6.3 Sich entschuldigen, S. 82ff.

Grammar: Die Vergangenheitsformen werden im Englischen anders gebraucht als im Deutschen. Das *simple past (abgeschlossene Vergangenheit)* benutzen Sie, wenn Sie über Dinge sprechen, die in der Vergangenheit geschehen sind und die keine Verbindung zur Gegenwart haben. Schlüsselwörter für diese Form sind: **ago, last, yesterday** und **when**. Wenn Sie aber von unabgeschlossenen Vorgängen sprechen, d.h. über Dinge, die zwar in der Vergangenheit passiert sind, die aber immer noch andauern oder eine Verbindung zum aktuellen Zeitpunkt haben (ja eventuell sogar in die Zukunft hineinreichen), dann verwenden Sie das *present perfect (unabgeschlossene Vergangenheit)*. Die dazugehörigen Schlüsselwörter lauten **since, for, already, just, so far, how long, yet** und **ever**. Hier ein paar Beispiele:

Did you **call** Alistair yesterday?

We **went over** the figures two days ago

Have you already **spoken** to Jane?

I've been in the office since 9.30.

How long **have** you **worked** on this project?

Vocabulary

anscheinend	**apparently**	festhängen	**to be stuck in**
Artikel	**item**	Fingerspitzen-gefühl	**instinct; flair for *s.th.***
auf Ihre Kosten	**at your cost**		
aufrechterhalten; beibehalten	**to keep up**	Gesamtsumme; Gesamtmenge	**total**
bei Ihnen	**at your end**	minderwertig; von schlechter Qualität	**sub-standard; sub-quality**
bei uns	**at our end**		
Beschwerde; Klage	**complaint**	(über)prüfen	**to check**
Betrag; Summe; Menge	**amount**	sich beschweren über *etwas*	**to complain about *s.th.***
eine Beschwerde machen	**to register/ make a complaint**	sich vertun; (einen) Schnitzer machen	**to slip up**
dringende Anfrage	**urgent request**	überfällig	**past due; overdue**
erledigen; abwickeln	**to handle**	Ungenauigkeit; Fehler	**inaccuracy**
etwas in Bewegung bringen	**to get things moving *(IF)***	Verwechslung; Durcheinander	**mix-up**
etwas notieren	**to make a note of *s.th.***	Zollamt	**customs**
		Zollerklärung	**customs declaration**
etwas sofort erledigen	**to get right on *s.th.***		

Quick test 4.3

1. Benötigen Sie hier das *simple past* oder das *present perfect*? Setzen Sie das Verb in Klammern in die richtige Zeitform.

a) Sales .... *(fall)* by 3% since last October.

b) I .... *(send)* you the PDF files last week.

c) Growth in this market sector .... *(be)* strong for years.

d) She .... *(gather)* the statistics three days ago.

2. Bitte ordnen Sie den Sätzen in der linken Spalte die korrekten Antworten in der rechten zu.

1) I'd like to make a complaint.

2) The goods haven't reached us yet.

3) The shipment is past due.

4) We didn't order these items.

5) The invoice contains several inaccuracies.

a) I'll get things moving as quickly as I can.

b) Can you give me the invoice number, please?

c) You can return them to us at our cost.

d) What seems to be the the trouble?

e) When did you place your order?

→ (Lösungen siehe S. 94ff.)

5 Besprechungen *Meetings*

5.1 Organisieren *Organizing*

Das Organisieren von Meetings gehört zu den wichtigsten aber auch anstrengendsten Tätigkeiten im Büroalltag. Am Telefon ist es unter Umständen eine richtige Herausforderung!

Phrases

Lassen Sie uns eine Besprechung festlegen.	**Let's set up a meeting.**
Wie wär's mit Donnerstag?	**How about Thursday?**
Passt Ihnen nächste Woche?	**Would next week suit you?**
Können wir einen Termin festlegen?	**Can we fix an appointment?**
Wann wäre der günstigste Zeitpunkt für Sie?	**When would be the best time for you?**
Das Briefing wird am 2. Februar stattfinden.	**The briefing will take place on 2nd February.**
Die Besprechung ist für Montag Vormittag angesetzt.	**The meeting is scheduled for Monday morning.**
Wie viele Leute werden teilnehmen?	**How many people are attending?**
Können Sie teilnehmen?	**Can you attend?/Can you make it?**
Wie lange wird es dauern?	**How long does it last?**
Kann ich mich (noch) für ... anmelden?	**Can I (still) register for ...?**
Wir brauchen jemanden, der das Protokoll führt.	**We need somebody to take the minutes.**
Setzen wir uns (doch) am Freitag zusammen, um die letzten Details zu besprechen.	**Let's get together on Friday to discuss the final arrangements.**
Lassen Sie mich in meinen Terminkalender schauen.	**Let me check my calendar.**
Haben Sie um drei Uhr Zeit?	**Are you free at three o'clock?**

Vormittags wäre mir lieber.	**I'd prefer the morning.**
Ich brauche einen Beamer.	**I'll need a light projector.**
Können Sie Tafel und Marker zur Verfügung stellen?	**Can you provide white board and markers?**
Zum Abendessen werden wir in ein spanisches Restaurant gehen, das nur ein paar Blöcke vom Hotel entfernt ist.	**For dinner we'll go out to a Spanish restaurant which is a couple of blocks away from the hotel.**
Der Flughafenbus wird Sie von Ihrem Hotel abholen und zum Flughafen bringen.	**The airport bus will collect you (BE)/pick you up at your hotel and take you to the airport.**

→ Weitere Redewendungen siehe unter 5.2 Absagen und verschieben, S. 66ff.

Grammar Für die Angabe von Zug- oder Flugzeiten, Anfangszeiten von Besprechungen, Kursen, Seminaren usw., verwendet man das so genannte **timetable English,** was nichts anderes ist als das *simple present* mit Zukunftsbedeutung. Hier braucht man weder **will** noch die *-ing*-Form. Zum Beispiel:

The plane takes off at 9.40.

The meeting starts at 8.30.

When does the train arrive in Cork?

Does the seminar take place on every Thursday?

Vocabulary

besprechen	**to discuss**	Hauptredner	**keynote speaker**
dauern	**to last**		
eine Besprechung festlegen	**to set up a meeting**	*j-n* abholen	**to collect (BE), to pick up s.o.**
etwas schaffen	**to make it**		
festlegen; ausmachen	**to fix**	*j-m* mit *etwas* versorgen	**to provide s.o. with s.th.**
		j-m passen	**to suit s.o.**

letzte Vorberei-tungen	**final arrangements**	Teilnehmer	**participant**
Protokoll	**minutes**	Termin; Verabredung	**appointment**
Protokoll führen	**to take the minutes**	Terminkalender	**calendar**
Protokollant	**minute-taker**	(Weißwand-) Tafel für Präsen-tationen	**white board**
Sitzung	**session**		
stattfinden	**to take place**	Wie wär's mit?	**How about ...?**
teilnehmen	**to participate; to attend**	(Zeit)plan	**schedule**

Quick test 5.1

1. Welcher dieser Sätze entspricht dem englischen "*Can we fix an appointment?*"

a) ☐ Would next week suit you?
b) ☐ When would be the best time for you?
c) ☐ Let's set up a meeting.

2. Verbinden Sie die Satzanfänge (links) mit den richtigen Satzerweiterungen (rechts).

1) Let's get together on Friday

a) scheduled for Monday morning.

2) The briefing will

b) to discuss the final arrangements.

3) The meeting ist

c) last from 9.00 to 4.30.

4) Each session will

d) take place on 2nd February.

→ (Lösungen siehe S. 94ff.)

5.2 Absagen und verschieben
Cancelling and postponing

Wie oft müssen Sie einen Termin absagen oder verschieben, weil einem der Teilnehmer etwas dazwischen gekommen ist! Je mehr Termine Sie haben, desto häufiger müssen Sie vermutlich „jonglieren".

Phrases

Es tut mir Leid, aber ich schaffe es nicht zur Besprechung.	**Sorry, I can't make it to the meeting.**
Es sieht so aus, als ob ich nicht teilnehmen kann.	**Looks like I won't be able to attend.** *(IF)*
Leider werde ich nicht da sein können.	**Unfortunately, it will be impossible for me to make it.** *(IF)*
Aufgrund einer bereits getroffenen Verabredung kann ich an der Besprechung am nächsten Dienstag nicht teilnehmen.	**I can't participate in next Tuesday's meeting due to prior commitments.** *(F)*
Leider ist mir etwas dazwischen gekommen.	**Unfortunately, something has come up.**
Ich werde aufgrund von Arbeitsverpflichtungen nicht teilnehmen.	**I won't be attending because of work obligations.** *(F)*
Die beiden Gäste aus Singapur werden nur an den ersten beiden Tagen teilnehmen.	**The two guests from Singapore will only be attending for the first two days.**
Danke, dass Sie mich eingeladen haben, aber leider bin ich wegen einer Geschäftsreise verhindert.	**Thanks for inviting me, but I'm afraid I won't be able to make it because of a business trip.**
Wir müssen die Besprechung verschieben.	**We have to postpone the meeting.**
Die Besprechung ist auf Januar verschoben.	**The meeting has been put off until January.**

Können wir einen neuen Termin vereinbaren?	**Could we rearrange the appointment?**
Wäre es möglich, den vorgeschlagenen Zeitpunkt auf den 7. Mai vorzuziehen?	**Would it be possible to bring forward the proposed date to the 7th of May?**
Wir müssen die Besprechung für später neu planen.	**We'll have to reschedule the meeting for later.**
Der Plan hat sich geändert, daher wurde die Besprechung um ungefähr zwei Wochen verschoben.	**The itinerary has changed, so the meeting has been delayed for about two weeks.**
Der einzige Tag, an dem ich kommen kann, ist der Donnerstag.	**The only day I could possibly come is Thursday.**
Schade, dass Sie es nicht schaffen.	**What a pity you can't make it.**
Ich hatte mich gefreut, Sie wiederzusehen.	**I was looking forward to seeing you again.**
Das ist schade, weil wir einige Themen zu besprechen hätten.	**That's a shame because we had several matters to discuss.**
Ich kann teilnehmen, aber ich werde etwa eine Stunde später kommen.	**I can attend, but I'll arrive about an hour late.**
Können Sie Ihrem Chef bitte mitteilen, dass das Seminar abgesagt wurde?	**Could you please inform your boss that the seminar has been cancelled?**

→ Weitere Satzbeispiele finden Sie unter 6.3 Sich entschuldigen, S. 82ff.

Info *Idioms über Alles:* Die englische Sprache ist voller Idiome, d.h. bunter Redewendungen, die eine gewisse Situation mit einem Satz umschreiben können, auch wenn die Bedeutung nicht immer selbsterklärend ist. Hier ein paar Beispiele:

Take it from the top. (= To start something from the beginning.)

Don't count your chickens before they're hatched. (= Don't think everything is fine until it's all over.)

Things have come to a head. (= Things have reached a dramatic point.)

Keep your fingers crossed. (= To wish for good luck.)

We can kill two birds with one stone. (= To solve two problems at the same time.)

There's no use crying over spilt milk. (= You can do nothing about what has happened.)

Grammar Wenn Sie im Englischen ausdrücken möchten, dass Sie etwas fest im Voraus planen, dann verwenden Sie das *future progressive* (*-ing*-Form der *will*-Zukunft). Um diese Struktur zu bilden, kombinieren Sie **will + be +** die *-ing*-Form. Hier ein paar Beispiele:

I **will be arriving** next Monday.

In June, he**'ll be visiting** the factory.

Next spring, we **will be flying** to Paris.

I **won't be attending** because of work obligations.

Vocabulary

abgesagt	**to be off**	möglicherweise; vielleicht	**possibly**
berufliche Ver-pflichtungen	**work obligations**	neu planen	**to reschedule**
dazwischen kommen	**to come up**	neu vereinba-ren; ändern	**to rearrange**
eine bereits getroffene Verabredung	**prior commitment**	Plan	**itinerary**
		sich freuen auf	**to look for-ward to**
früher; älter	**prior**		
Geschäftsreise	**business trip**	Thema; Problem	**issue; matter**

Verpflichtung; Verabredung	**commitment**	vorgeschlagen	**proposed**
verschieben *(ein Meeting)*	**to postpone; to put off *(a meeting)***	vorverlegen	**to bring forward**
verspäten	**to delay**	wie schade	**too bad *(AE)*, a pity *(BE)*, a shame**

Quick test 5.2

1. Ordnen Sie den Sätzen aus der linken Spalte die passenden Umschreibungen aus der rechten Spalte zu.

1) Keep your fingers crossed.

2) Things have come to a head.

3) Kill two birds with one stone.

4) There's no use crying over spilt milk.

5) Take it from the top.

a) To start s.th. over again.

b) To solve two problems at the same time.

c) You can do nothing about what has happened.

d) Things have reached a dramatic point.

e) To wish for good luck.

2. Setzen Sie diese Sätze ins *future progressive*.

a) My flight departs Wednesday morning.
   future progressive: ....

b) I will stay at the Regency Hotel.
   future progressive: ....

c) They will arrive next week.
   future progressive: ....

→ (Lösungen siehe S. 94ff.)

5.3 Telefonkonferenzen *Telephone conferences*

Telefonkonferenzen bieten spezielle Vorteile, stellen aber auch eine besondere Herausforderung dar, weil man seinen Gesprächspartnern nicht persönlich in die Augen sehen kann.

Phrases

Der Chef hat für morgen eine Telefonkonferenz einberufen.	**The boss has called a telephone conference for tomorrow.**
Wir haben die Telefonkonferenz für Freitag festgelegt.	**We've set the telephone conference up for Friday.**
Sind wir bereit?	**Are we ready?**
Sind alle da?	**Is everybody there?**
Wir sind so weit.	**We're all settled.** *(AE)*
Bitte bringen Sie alle zusammen.	**Please gather everybody together.**
Können Sie mich alle gut hören?	**Can you all/your guys** *(AE)*/**you lot** *(BE)* **hear me alright?** *(IF)*
Soll ich lauter reden?	**Should I speak louder?**
Ich kann Sie gut hören.	**I can hear you just fine.**
Wir können Sie klar und deutlich verstehen.	**We hear you loud and clear.**
Lassen Sie uns zur Sache kommen.	**Let's get down to business.**
Wenn alle da sind, lassen Sie uns beginnen.	**If everybody's there, let's start.**
Sie können mich jederzeit unterbrechen.	**Feel free to interrupt me.**
Der erste Punkt auf der Tagesordnung ist ...	**The first thing on the agenda is ...**
Ich möchte mit ... beginnen.	**I'd like to start off with ...**
Können Sie das bitte genauer ausführen?	**Could you expand on that, please?**
Können Sie bitte über die Verkaufszahlen berichten?	**Would you please report on the sales figures?**
Wollen Sie etwas dazu sagen?	**Do you have any input here?**
Haben Sie Fragen?	**Any questions?**

Ist das klar?	**Is that clear?**
Stimmen alle zu?	**Does everybody agree?**
Zusammenfassend lassen Sie uns mit ... weitermachen.	**To sum up, let's move forward with the ...**
Abschließend werde ich die Hauptpunkte (noch einmal) zusammenfassen.	**To conclude, I'll summarize the main points.**
Sonst noch was?	**Any other business?/**
	Anything else?
OK, das war's für heute.	**OK, that's it./**
	That's all for now.
Das war's für heute.	**That's a wrap up.** *(AE)*
Gut. Unsere nächste Telefonkonferenz ist für den 8. geplant.	**So, our next telephone conference is scheduled for the 8th.**

→ Weitere Redewendungen siehe unter 4.1 Statusberichte, S. 50ff., und 6.1 Verständigungsprobleme, S. 76ff. sowie unter 7.1 Klarstellen und zusammenfassen, S. 86ff.

Info **Du liebe Zeit!** Was ist eigentlich der Unterschied zwischen **on time, in time** und **just in time**? Alle Ausdrücke kommen häufig vor und werden von Nicht-Muttersprachlern oft verwechselt. **On time** bedeutet *pünktlich*, **in time** hingegen *rechtzeitig*. **Just in time** hat die Bedeutung *zum rechten Zeitpunkt (gerade rechtzeitig)*, und ist ein Begriff, der sich insbesondere in der Industrie großer Beliebtheit erfreut: Meistens in Verbindung mit einer schnellen, exakten und rechtzeitigen Lieferung. Hier ein paar Beispiele:

The telephone conference started **on time**. *(Pünktlich)*

You should arrive **in time** for the beginning of the presentation. *(Rechtzeitig)*

The factory needs the finished goods **just in time**. *(Zum rechten Zeitpunkt)*

Grammar **Do you mind waiting?** Der Gebrauch dieser Redewendung ist etwas knifflig, weil eine positive Antwort eine negative Bedeutung hat und andersherum! Vergessen Sie außerdem nicht, dass auf **Do you mind ...** immer die *-ing*-Form folgt. Sehen Sie sich das folgende Beispiel also genau an:

Do you mind waiting? *(Macht es Ihnen etwas aus zu warten?)*

No, I don't mind. *(Nein, es macht mir nichts aus.)*

Yes, I mind. *(Ja, es macht mir etwas aus.)*

Vocabulary

Agenda; Tagesordnung	**agenda**	sich setzen; so weit sein	**to be settled**
Beitrag	**input**	Sie/ihr alle	**you all; you guys** *(AE)*, **you lot** *(BE)*
bereit sein	**to be ready**		
eine Telefonkonferenz einberufen	**to call a telephone conference**	unterbrechen	**to interrupt**
		Verkaufszahlen	**sales figures**
einpacken; beenden	**to wrap up**	weitermachen mit	**to move forward with**
erklären; darlegen	**to state** *(F)*	zur Sache kommen	**to get down to business**
genauer ausführen	**to expand**	zusammenfassen	**to sum up; to summarize; to recap** *(AE, IF)*
j-m passen	**to be convenient for** *s.o.*	zusammenkommen; zusammenbringen	**to gather**
Punkt	**item; point**		
sich anschließen	**to join**	Zweck	**purpose**

Quick test 5.3

1. **Bitte formen Sie aus diesen Wörtern korrekte englische Fragesätze.**

a) you the on for convenient would conference 15th telephone be a

....?

b) speak louder I should

....?

c) on the you report could please sales figures

....?

2. **Wählen Sie die fehlenden Wörter aus dem Kasten aus und ergänzen Sie die Sätze.**

a) Who's the ....?
b) Feel free to .... me.
c) The boss .... a telephone conference.
d) Would a telephone conference on the 15th be ....
   for you?
e) We hear you ....

has called / loud and clear / convenient / interrupt / minute-taker

→ (Lösungen siehe S. 94ff.)

Checkpoint B

1. Bitte fügen Sie die fehlenden Wörter in die folgende Bestellung ein.

Hello, I'd like to **a)** .... an order in the **b)** ....
of 6,000 pieces. Do you offer any **c)** .... discounts?
Also, could you please inform me when we could expect
d) ....? Please ship everything by **e)** .... Thanks.

amount / delivery / bulk / place / air freight

2. Bitte bilden Sie aus den folgenden Sätzen Fragen mit "*Do you mind ...?*"

a) Please hold.
Do you ....?
b) Please call back in an hour.
....?
c) Please state the purpose of your call.
....?

3. Sie bekommen einen Anruf aus den USA und möchten diesen an einen Kollegen übergeben. Was sagen Sie?

a) ☐ Can I give you this call from the States?
b) ☐ Will you speak to this person from the States?
c) ☐ Can you take a call from the States?

4. In der linken Spalte finden Sie jeweils eine Frage, in der rechten eine Antwort. Was gehört zusammen?

1) Would you like to speak to someone else?

a) So far we're in the black.

2) Could you spell that, please?

b) No, it has rebounded.

3) How have sales been this quarter?

c) Sure. It's J-O-N-E-S.

4) Is customer interest still weak?

d) Due to the air strike.

5) Why can't you fulfil our order?

e) No, I'll call back later.

5. Bitte vervollständigen Sie den folgenden Dialog mit den vorgegebenen Vokabeln.

> to slump / to turn / red / worst / to do / doing / quarter / weak / disappointing

Melinda: Hi Chuck! How're you **a)** ....?

Chuck: Pretty good. What can I **b)** .... for you today?

Melinda: Well, I'm just calling to report about some rather **c)** .... results.

Chuck: Oh. From last **d)** ....?

Melinda: Yes, that's right. This was our **e)** .... quarter ever.

Chuck: Are we in the **f)** ....?

Melinda: No, it's not that bad. But sales are **g)** ....

Chuck: Well, we have been experiencing a **h)** .... in orders.

Melinda: Yes, I know. But we hope to **i)** .... things around by next May.

Chuck: Oh, I'm sure we'll make it!

→ (Lösungen siehe S. 94ff.)

6 Problemlösung *Troubleshooting*

6.1 Verständigungsprobleme *Communication problems*

Manchmal treten während des Telefonats technische Probleme auf. Verständigungsprobleme gibt es aber auch, wenn der Gesprächspartner zu schnell oder zu leise spricht.

Phrases

Die Verbindung ist schlecht.	**This is a bad connection.**
Es scheint, als ob die Leitung schlecht ist.	**This seems to be a bad line.**
Ich kann Sie kaum hören.	**I can hardly hear you.**
Wie bitte?	**Sorry?** *(BE)*
	Excuse me? *(AE)*
	Pardon me?
Ich bitte um Entschuldigung.	**I beg your pardon.** *(F)*
Es scheint, als ob diese Leitung eine Störung hat.	**There is a lot of static on the line.**
Es scheint viele Interferenzen/ Störungen zu geben.	**There seems to be a lot of interference.**
Der Empfang ist hier nicht sehr gut.	**The reception isn't very good here.**
Ich rufe Sie auf dem Festnetz zurück.	**I'll get back to you on a landline.**
Es tut mir Leid, aber die Leitung wurde unterbrochen.	**I'm sorry, we were cut off.**
Können Sie bitte langsamer sprechen?	**Could you speak more slowly, please?**
Ich habe nicht verstanden, was Sie gesagt haben.	**I didn't catch what you said.**
Habe ich Sie da richtig verstanden?	**Did I understand you right?**

Ich komme nicht durch.	**I can't get through.**
Können Sie bitte lauter sprechen?	**Can you please speak up?**
Soll ich Sie zurückrufen?	**Shall I phone you back?**
Können Sie mich zurückrufen?	**Could you ring me again?**
Könnten Sie auflegen und noch einmal anrufen?	**Could you try hanging up and phoning again?**
Es tut mir Leid, das ist eine furchtbare Leitung.	**I'm sorry, this is a terrible line.**
Was für ein Ton/Geräusch ist das?	**What's that sound/noise?**
Ich kann andere Stimmen hören.	**I can hear other voices.**
Ich glaube, dass sich die Leitungen überlagern.	**I think we've got a crossed line.**
Wir haben seit kurzem Probleme mit diesem Apparat.	**We've been having a lot of trouble with this phone recently.**
Ich werde ein bisschen lauter reden. Ist das besser?	**I'll speak a little louder. Is that better?**
Können Sie mich jetzt hören?	**Can you hear me now?**

→ Weitere Redewendungen finden Sie unter 7.1 Klarstellen und zusammenfassen, S. 86ff.

Grammar Englischsprechende drücken ***possibility*** *(Möglichkeit)* und ***probability*** *(Wahrscheinlichkeit)* oft mit **might**, **may** oder **should** aus. Für ***certainty*** *(Sicherheit)* wird häufig die ***-ing-***Form verwendet. Hier ein paar Beispiele:

The telephone line **might** be repaired next week. *(possibility)*

The meeting **should** take place tomorrow. *(probability)*

I**'m** chair**ing** Monday's session. *(certainty)*

Vocabulary

den Vorsitz führen *(bei einer Besprechung)*	**to chair** *(a meeting)*	schlechte Leitung	**bad line**
Empfang	**reception**	schlechte Verbindung	**bad connection**
Festnetz(leitung)	**landline**	Sicherheit; Gewissheit	**certainty**
in letzter Zeit; vor kurzem	**recently**	Störung	**static**
Interferenz; Störung	**interference**	unterbrochen werden	**to be cut off**
kaum	**hardly**	Wahrscheinlichkeit	**probability**
lauter sprechen	**to speak up**	zwei Leitungen überlagern sich	**to have a crossed line**
leise	**low; quiet**		
Möglichkeit	**possibility**		

Quick test 6.1

Vervollständigen Sie den Dialog mit den passenden Antworten aus dem Kasten.

> All right.
> Could you try hanging up and phoning again?
> I'm sorry but I can hardly hear you.
> Sorry? Could you please speak up a bit?
> Yes, I can hear you much better now.
> OK. How may I help you?

Caller: Hello. I'm calling about our order last week.

You: a) ....

Caller: Well, we'd like to increase the amounts by 75 units.

You: b) ....

Caller: I said, we'd like to increase the amounts by 75 units.

You: c) ....

Caller: Yes, there seems to be some interference in the line.

You: d) ....

Caller: Yes, OK, I'll call you right back.

You: e) ....

Caller: Is that better now?

You: f) ....

→ (Lösungen siehe S. 94ff.)

6.2 Falsch verbunden *Wrong numbers*

Wichtig ist es hier, wie bei allen Missgeschicken, die Sache mit Humor zu nehmen und dem Anrufer zu helfen, den richtigen Ansprechpartner zu finden oder selbst die richtige Adresse herauszufinden.

Phrases

Morgen. Bin ich bei der Buchhaltung?	**Morning *(IF)*. Is that the Accounting Department?**
Nein, hier ist die Personalabteilung.	**No, this is HR.**
Es scheint, als ob Sie sich verwählt haben.	**Looks like you'vedialled the wrong number.**
Möchten Sie noch einmal wählen oder soll ich Sie verbinden?	**Would you like to redial or shall I connect you?**
Welche Nummer haben Sie gewählt?	**Which number did you dial?**
Habe ich nicht die 543-9808 gewählt?	**Isn't this 543-9808?**
Nein, hier ist die 543-9809.	**No, this is 543-9809.**
Oh, ich glaube, dass Sie sich verwählt haben.	**Oh, I think you've dialled the wrong number.**

Entschuldigen Sie bitte die Störung.	**Sorry for troubling you.**
Macht nichts.	**Not at all.**
Solche Dinge passieren jeden Tag!	**These things happen all the time!**
Kate, sind Sie das?	**Is that you, Kate?** *(IF)*
Nein, bin ich nicht. Wen wollten Sie erreichen?	**No, it isn't. Who were you trying to reach?**
Es tut mir Leid, aber hier gibt es niemanden mit diesem Namen.	**Sorry, there isn't anybody here by that name.**
Ich denke, dass ich aus Versehen die falsche Nummer gewählt habe. Wie dumm von mir!	**I think I've dialled the wrong number by mistake. Silly me!** *(IF)*
Bin ich nicht im Büro von Herrn Holm gelandet?	**Isn't this Mr Holm's office?**
Nein, das muss ein Irrtum sein: Es arbeitet niemand mit diesem Namen bei uns.	**No, there must be some mistake. Nobody by that name works here.**
Sind Sie sicher, dass das sein richtiger Name ist?	**Are you sure that's his correct name?**
Warum versuchen Sie es nicht bei der Auskunft?	**Why don't you try calling the operator** *(AE)*/ **directory enquiries** *(BE)*?
Er ist in eine andere Abteilung versetzt worden. Versuchen Sie ihn doch unter ... zu erreichen.	**He's transferred to another department. Try ringing him at** *(AE)* ...
Ah so! Ich wollte mich eigentlich mit Frau Linden in Verbindung setzen. Ist das nicht ihre Nummer?	**Oh! I was actually trying to get hold of Ms Linden. Isn't this her number?**
Nein, ihre Nummer hat sich geändert. Sie können sie jetzt unter ... erreichen.	**No, her number has changed. You can now reach her on** *(BE)* ...
Oh, sie arbeitet nicht mehr bei uns.	**Oh, she doesn't work here anymore.**

Das klingt mir nach keiner Londoner Nummer. Sie sollten sie lieber noch mal überprüfen.	**That doesn't sound like a London number to me. Perhaps you'd better double-check it.**
Ja, Sie haben Recht. Entschuldigung, dass ich Ihre Zeit gestohlen habe.	**Yes, you must be right. Sorry for taking up your time.**
Macht überhaupt nichts.	**That's quite all right.**

→ Weitere Satzbeispiele siehe unter 6.3 Sich entschuldigen, S. 82ff.

Info *Notruf:* Wenn man in Großbritannien oder in den USA einen Notdienst benötigt, kann man die **emergency number** *(Notruf)* wählen: 999 im UK, 911 in den USA. Ein **emergency operator** *(Notdienst)* leitet Ihren Anruf dann je nach Situation an **police** *(Polizei)*, **fire brigade** (BE) / **fire department** (AE) *(Feuerwehr)*, **paramedics** *(Sanitäter)*, **ambulance** *(Krankenwagen)*, **hospital** *(Krankenhaus)*, **clinic** *(Klinik)* oder **emergency room** *(Ambulanz)* weiter.

Vocabulary

aktuell	**current**	noch mal überprüfen	**to double-check**
aus Versehen	**by mistake**		
eigentlich; tatsächlich	**actually**	Notdienst	**emergency operator**
Irrtum; Fehler	**error; mistake**	Notruf	**emergency number**
j-n erreichen	**to get hold of s.o.**		
		passieren	**to happen**
j-n stören	**to trouble s.o.**	sich verwählen	**to dial the wrong number**
j-s Zeit stehlen/ beanspruchen	**to take up s.o.'s time**	versetzen	**to transfer**

Quick test 6.2

1. Bilden Sie aus den folgenden Wörtern korrekte Sätze.
a) wrong by I dialled think the mistake I've number
....
b) to doesn't like New me sound that number York a
....
c) here there anybody that sorry name by isn't
....

2. Schreiben Sie folgende Sätze zu Fragen um.
a) I'm trying to reach Ms Fast.
Who ....?
b) I dialled 3958404.
Which ....?
c) Try calling the operator.
Why ....?

→ (Lösungen siehe S. 94ff.)

6.3 Sich entschuldigen *Apologizing*

Sich zu entschuldigen ist eine subtile Kunst, besonders am Telefon. Doch es ist auch die Voraussetzung dafür, dass sich die Atmosphäre danach wieder vollkommen entspannt.

Phrases

Entschuldigung!	**Oh, excuse me!**
Es tut mir Leid, aber er ist jetzt nicht verfügbar.	**I'm afraid he's not available just now.**
Das tut mir furchtbar Leid.	**I'm terribly sorry about that.**
Tut mir schrecklich Leid!	**Awfully sorry!** *(BE)*
Verzeihung.	**I beg your pardon.**
Es tut mir Leid.	**My apologies.**

Ich möchte mich für ... entschuldigen.	**I 'd like to apologize for ...**
Wir müssen uns für ... entschuldigen.	**We have to apologize for the ...**
Entschuldigen Sie das Durcheinander	**Sorry for the mix-up.**
Ich möchte mich entschuldigen, dass ich nicht zur Besprechung kommen konnte.	**I'd like to say sorry that I couldn't make it to the meeting.**
Entschuldigung! Es gab anscheinend ein Missverständnis.	**Sorry, there must have been a misunderstanding.**
Offensichtlich stimmt etwas nicht.	**Something is obviously incorrect.**
Bitte entschuldigen Sie uns für diesen Fehler.	**Please excuse this error.**
Wir entschuldigen uns für die Umstände.	**Sorry for any trouble./ We apologize for any inconvenience.**
Kein Problem.	**That's OK.**
Ach, vergessen Sie es.	**Oh, forget it./It was nothing.** *(IF)*
Überhaupt kein Problem.	**No problem at all.**
Macht nichts.	**Don't worry about it.** *(IF)*
Sie brauchen sich nicht zu entschuldigen.	**No apology necessary.**
Danke, dass Sie sich entschuldigt haben.	**Thank you for your apologizing.** *(F)*
Ich bin froh, dass wir das klären konnten.	**I'm happy that we could clear this up.**
Danke für Ihr Entgegenkommen.	**Thank you for your help.**
Danke für Ihr Verständnis in dieser Sache.	**Thanks for your understanding in this matter.**
Ich bin sicher, dass wir eine Lösung finden.	**I'm quite sure that we'll find a solution.**

Es war schön, mit Ihnen über diese Sache zu reden.	**It was good to speak to you about this matter.**
Danke, dass Sie die Grauzonen ausgelotet haben.	**Thanks for clearing up the grey areas.**
Kein Problem. Ich wollte nicht, dass Sie rot sehen!	**No problem. I didn't want you to see red!**

Info Manchmal wählen Leute farbige Vokabeln, um Meinungen und Gefühle zum Ausdruck zu bringen. Hiermit muss man jedoch vorsichtig umgehen, da die Bedeutung einer Farbe in der einen Kultur in der anderen nicht unbedingt eine Entsprechung hat. So bedeutet beispielsweise **I'm blue** *(Ich bin traurig)* im Englischen etwas völlig anderes als das deutsche *Ich bin blau (Ich bin betrunken)!*

Farbe	Bedeutung	Deutsche Übersetzung
green	envy	Neid
blue	sadness	Traurigkeit
red	anger, frustration, danger	Wut, Frust, Gefahr
grey	unclear, vague	unklar, vage
yellow	fear	Angst

Beispiele:

He is **green** with envy that you got the job.

Rainy weather makes me feel **blue.**

I saw **red** when the deal collapsed.

The law is full of **grey** areas.

She is **yellow** – she'll never call you.

Vocabulary

Durcheinander; Verwechslung	**mix-up**	offensichtlich	**obviously**
Entschuldigung	**apology**	sich ent-schuldigen	**to excuse oneself**
Enttäuschung	**frustration**	sich (bei *j-m* für *etwas*) ent-schuldigen	**to apologize (to *s.o.* for *s.th.*)**
klären; beseitigen	**to clear up**	sich Sorgen machen	**to worry**
Lösung	**solution**	Umstände; Ärger	**trouble; inconvenience**
Missverständnis	**misunder-standing**		

Quick test 6.3

1. Einer der folgenden drei Sätze ist falsch. Welcher?

a) ☐ I must beg your pardon.

b) ☐ I beg your pardon.

c) ☐ I'm terribly sorry about that.

2. Bitte übersetzen Sie die folgenden Sätze ins Englische. Wiederholen Sie falls nötig die Redewendungen von 6.3.

a) Ich möchte mich für die Verspätung entschuldigen.

....

b) Entschuldigung! Es gab anscheinend ein Missverständnis.

....

c) Danke für Ihr Verständnis in dieser Sache.

....

d) Wir entschuldigen uns für die Umstände.

....

→ (Lösungen siehe S. 94ff.)

7 Gesprächsende *Ending a call*

7.1 Klarstellen und zusammenfassen *Clarifying and summarizing*

Bei internationalen Telefongesprächen ist es äußerst wichtig, dass Sie alles, was Sie besprechen, später noch einmal zusammenfassen, um mögliche Missverständnisse auszuschließen.

Phrases

Können Sie das bitte wiederholen?	**Could you repeat that, please?**
Können Sie bitte ein bisschen langsamer reden?	**Could you speak more slowly, please?**
Noch mal, bitte.	**Say again?** *(IF)*
Das habe ich nicht ganz verstanden.	**I'm sorry, I didn't catch that.**
Meinen Sie … ?	**Do you mean …?**
Verstehen Sie, was ich meine?	**Have you got that?**
Lassen Sie uns das nochmals durchgehen.	**Let's just go over that once again.**
Darf ich das zusammenfassen?	**Can I summarize that?**
Was Sie sagen wollen, ist …	**What you're saying is …**
Wenn ich richtig Sie verstanden habe …	**If I understand you correctly …**
Ihrer Meinung nach sollten wir …	**In your opinion we should …**
Aus unserer/Ihrer Sicht …	**From our/your point of view …**
Was ich (damit) meine ist, …	**What I mean is …**
Genau.	**Exactly.**
Richtig.	**That's right.**
Ah so.	**I see.**
Alles klar!/Verstanden!	**Got it.** *(IF)*

Können Sie mir das emailen, einfach damit alles klar ist?	**Could you email me that, just to make everything clear?**
Können Sie mir das faxen, um Fehler zu vermeiden?	**Could you fax that to me to avoid any mistakes?**
Einfach nur, um sicher zu gehen.	**Just to make sure.**
Nur, um das nochmals zu überprüfen ...	**Just to double-check once again ...**

→ Weitere Redewendungen finden Sie unter 6.1 Verständigungsprobleme, S. 76ff.

Info **Ein kleines Schwätzchen?** Für englische Muttersprachler ist **chatting** eine wichtige Aktivität. Im Gegensatz zu den Gepflogenheiten im deutschsprachigen Raum, wo Geschäftsgespräche eher kurz, direkt und effizient erledigt werden, plaudert man in UK und insbesondere in den USA gerne über das Wetter, die Wochenendaktivitäten oder die aktuelle Situation im anderen Land. Derartiger **small talk** gilt weder als oberflächlich noch wird er als Zeitverschwendung betrachtet. Wenn Ihr Ansprechpartner in Glasgow oder New Jersey Sie also zukünftig fragt **"So, how's life in Germany these days?"**, relaxen Sie einfach und erzählen Sie ihm, was Sie am Wochenende gemacht haben.

Vocabulary

Ansicht	**point of view**	*j-m* versichern, dass ...	**to assure** *s.o.* **that...**
etwas durchgehen	**to go over** *s.th.*	meinen	**to mean**
etwas kapieren; *etwas* verstehen	**to catch** *s.th.*; **to get** *s.th.*	Plauderei; Schwätzchen	**chatting**
etwas klarstellen; *etwas* (ab)klären	**to clarify** *s.th.*	Problembehandlung; Krisenmanagement	**troubleshooting**
Ihrer Meinung nach	**in your opinion**		

| sicher stellen; sicher gehen | **to make sure** | zusammenfassen | **to summarize** |
| vermeiden | **to avoid** | Zusammenfassung | **summary; summation** |

Quick test 7.1

1. Wählen Sie jeweils die beste Antwort aus.

a) So, in your opinion, we should sell the factory.
☐ Exactly. / ☐ Possibly. / ☐ Why not.

b) Could you email me that, just to make everything clear?
☐ Yes, I could. / ☐ Yes, certainly. / ☐ Of course I will.

c) Let's just go over that once again.
☐ I see. / ☐ Yes, let us. / ☐ Alright, just to make sure.

2. Übersetzen Sie die folgenden Sätze ins Englische. Wiederholen Sie falls nötig die Redewendungen von 7.1.

a) Darf ich das zusammenfassen?
....

b) Können Sie mir das faxen, um Fehler zu vermeiden?
....

c) Nur, um die Zahlen nochmals zu überprüfen.
....

d) Lassen Sie uns das nochmals durchgehen.
....

➜ (Lösungen siehe S. 94ff.)

7.2 Sich verabschieden *Saying goodbye*

Die Art und Weise, wie Sie sich verabschieden, ist ebenso wichtig wie die Begrüßung, denn die letzten Worte hinterlassen einen bleibenden Eindruck.

Phrases

Ich freue mich, bald von Ihnen zu hören.	**I'm looking forward to hearing from you soon. *(F)***
Wir melden uns nächste Woche.	**We'll be in touch next week.**
Lassen Sie uns in Verbindung bleiben.	**Let's keep in touch.**
Ich melde mich.	**I'll be in touch.**
Ich hoffe, Sie bald in Detroit zu sehen.	**Hope to see you in Detroit soon.**
Schön, mit Ihnen zu sprechen.	**Good talking to you.**
Danke für Ihren Anruf.	**Thank you for calling.**
Vielen Dank. Tschüss!	**Thanks a lot. Bye! *(IF)***
Bitte schön! Wir sehen uns!	**You're welcome. See you! *(IF)***
Mit Vergnügen!	**My pleasure!**
Gibt es sonst noch was?	**Is there anything else?**
Nein, das war's dann.	**No, that's all.**
Haben wir etwas vergessen?	**Have we forgotten anything?**
Ich denke, das war's.	**I think that's it.**
Möchten Sie (noch) etwas hinzufügen?	**Would you like to add something?**
Wir haben alles besprochen.	**We've covered everything.**
Ich werde mich diesbezüglich nochmals bei Ihnen melden.	**I'll get back to you on that.**
Das werde ich herausfinden und mich wieder bei Ihnen melden.	**I'll find out and get back to you.**
Klingt gut!	**Sounds good!**
Wir reden morgen.	**Speak to you tomorrow.**
Richten Sie .... bitte Grüße aus.	**Please tell ... I said hello.**

Grüßen Sie ... von mir.	**Give my regards to ... *(F)***
Gut!	**Right! *(BE)*/OK!/Fine!**
Auf Wiedersehen!	**Goodbye, then! *(BE)***
Wiedersehen!	**Bye-bye! *(IF)***
Also, tschüss dann!	**Well, bye for now!**
Passen Sie gut auf sich auf!	**Take care!**
Bis dann!	**Until then!/Till then!**
Bis später!	**See you later! *(IF)*/**
	Later! *(AE, IF)*
Bis morgen/bald.	**See you tomorrow/soon.**
Bis später!	**Talk to you later. *(IF)***
Rufen Sie mich mal an.	**Give me a bell *(BE, IF)*/**
	a buzz *(AE, IF)*.

Info **Verabschiedung:** Die verschiedenen Möglichkeiten, ein Gespräch zu beenden, sind im Englischen nahezu unbegrenzt. Zusätzlich zu den oben genannten Redewendungen könnte man **"Goodbye now." "Well, okay, then." "Well, I have to run. Bye now."** oder **"Must be going, bye"** sagen. Hauptsache, die Stimme klingt dabei freundlich und verbindlich. Während viele deutsche Muttersprachler den Hörer möglichst schnell auflegen, nachdem alles Wichtige gesagt ist, betreiben Englischsprechende gerne noch ein bisschen Smalltalk und machen ein paar nette, belanglose Bemerkungen, bevor sie zum **Goodbye** kommen.

Example

Phil: OK then. I think that's everything I wanted to discuss. Have we forgotten anything?

Roger: No, I think we've covered it all.

Phil: Right! Well, it was good talking to you.

Roger: With you, too.

Phil: We'll keep in touch.

Roger: Good. I'll give you a ring next week.

Phil: Sounds good. Till then. Bye.

Roger: Take care. Bye-bye.

Grammar Wie die meisten Briefe und Emails, so enden auch manche Telefongespräche mit dem Satz **I'm looking forward to hearing from you.** Für deutsche Ohren klingt es etwas störend, dass das Verb nach **to** in der **-ing-**Form steht. Dies hat jedoch einen einfachen grammatikalischen Grund: **To** ist in diesem Satzgefüge eine Präposition, und nach einer Präposition folgt immer ein Substantiv. Sehen Sie sich folgende Beispiele an:

I'm looking forward to **seeing** you.

He's looking forward to **meeting** you.

We're looking forward to **speaking** with you.

Vocabulary

abdecken *(Thema)*	**to cover**	in Kontakt bleiben	**to keep in touch**
Anruf	**bell *(BE, IF)*, buzz *(AE, IF)***	*j-n* grüßen	**to say hi *(IF)*/ hello to *s.o.***
besprechen	**to cover**	noch was	**anything else**
ergänzen; hinzufügen	**to add**	sich melden	**to be in touch**
etwas herausfinden	**to find *s.th.* out**	sich wieder melden	**to get back to**
Grüße	**regards**	Vergnügen	**pleasure**

Quick test 7.2

1. Bitte verbinden Sie die Sätze in der linken Spalte mit Sätzen *ähnlicher* Bedeutung in der rechten.

1) Until then!

2) I'll get back to you on that.

3) Give me a bell.

4) I think that's it.

5) Later!

6) Have we forgotten anything?

7) Please tell ... I said hello.

a) I'll find out and get back to you.

b) Is that it?

c) Give my regards to ...

d) Talk to you later!

e) No, that's all.

f) Till then!

g) Give me a buzz.

2. Ergänzen Sie die Sätze mit den passenden Wörtern.

a) I'm looking forward to .... from you.

b) I'll find out and .... back to you.

c) Let's keep in ....

➡ (Lösungen siehe S. 94ff.)

Checkpoint C

1. Wählen Sie das korrekte Wort, um die Sätze zu vervoll-ständigen.

a) I can ... hear you.
   ☐ almost / ☐ hardly

b) Have we ... everything?
   ☐ covered / ☐ blanketed

c) When did you ... your order?
   ☐ make / ☐ place

2. Bei den fett gedruckten Wörtern sind die Buchstaben durcheinander geraten. Wie heißen diese Wörter richtig?

a) Was there anything .... **lsee?**
b) Can I .... **ezumsaimr** that?
c) I'm sure that we'll find a .... **ilosunot**.

3. Wie lautet das Synonym für *cut* im folgenden Satz: *She wants a 12 percent cut?*

a) ☐ chop **b)** ☐ commission **c)** ☐ piece

4. *In time* oder *on time?* Kreuzen Sie jeweils den passenden Ausdruck an.

a) The meeting started exactly ...
     ☐ in time. / ☐ on time.
b) Mary Joe caught her flight just ...
     ☐ on time. / ☐ in time.
c) I didn't make it to the meeting ... and missed it.
     ☐ in time. / ☐ on time.

5. Ordnen Sie den Sätzen in der linken Spalte die passenden Antworten in der rechten zu.

1) Sorry for any trouble.   **a)** Yes. I'll ring you next week.
2) This is a bad connection.   **b)** What seems to be the trouble?
3) Could you speak more   **c)** Can you hear me now?
      slowly, please?
4) I'd like to make a   **d)** No problem at all.
      complaint.
5) Let's keep in touch.   **e)** Certainly. Is that better?

➜ (Lösungen siehe S. 96.)

Lösungsschlüssel

1.1 Sich vorstellen
1. b)
2. a) calling; **b)** attended;
  c) expecting; **d)** trade fair

**1.2 Den Grund Ihres Anrufes
  nennen**
1. c)
2. a) I'd like to speak to Ms
  Raleigh. **b)** Could I call you
  back? **c)** He'd like to talk with
  you now.

1.3 Buchstabieren
1. a)
2. 1 -b); 2 -a)

1.4 Telefonnummern
1. b)
2. a) Could you give me your
  extension, please? **b)** Could you
  give me the area code, please?
  c) Could you tell me your work
  phone number, please?

**1.5 Adressen und Wegbeschrei-
  bungen**
1. 1) Could you please give me
    directions – **a)** on how I get
    from the subway station to
    your offices?
  2) I'll email you a map –
    b) showing how to get
    here by car.
  3) Wait for me at the reception
    desk – **c)** and I'll come down
    to pick you up.
  4) If you miss an exit or get
    lost, – **b)** call me.
2. a) Wait a minute and I'll see if
  he's in. **b)** If you have any problems, call me. **c)** It would be
  good, if we could speak again.

1.6 Auskunft
a) disconnected; **b)** country code;
c) place a call; **d)** reconnect;
e) area code

2.1 Nachrichten hinterlassen
a) today; **b)** at her desk/in;
c) leave; **d)** tell; **e)** in reference
to/about/concerning

**2.2 Nachrichten entgegen-
  nehmen**
1. c)
2. a) Would; **b)** pass on; **c)** called

2.3 Zurückrufen
a) help; **b)** a message; **c)** transfer;
d) returning; **e)** to hear

2.4 Anrufbeantworter
Lösungsvorschlag: Hello, you've
reached *Global Export, Inc.* We're
not available at the moment, but
if you leave your name and telephone number, I will get right
back to you. Our hours of business
are 9.00 to 5.30, Monday to Friday.
Thank you.

2.5 Mobiltelefon
1. a) ring; **b)** a text message;
  c) switch off
2. a) keep **b)** saved **c)** leave

Checkpoint A

1. a) I've already heard a lot about
  you. **b)** I spoke on your voice
  mail two days ago. **c)** Please
  leave your message after the
  beep. **d)** Could you give me
  your extension number, please?
2. a) unlikely; **b)** hang up;
  c) letter
3. a) zip code; **b)** get hold;
  c) sick leave
4. a) like to; **b)** let; **c)** on behalf
  of
5. a) put, through; **b)** located, on;
  c) take, for; **d)** ringing, back

3.1 Anrufe entgegennehmen
1. a) Mary Meyers speaking. How
  can I help you? **b)** I'm afraid I
  can't be of much assistance to
  you with this. **c)** Could you
  repeat your name again, please?
2. 1 -d); 2 -c); 3 -a); 4 -b)

3.2 Verbinden
1. a) through; b) office;
   c) available
2. c)

3.3 Gespräche übergeben
1. 1) to put through –
      c) to connect
   2) What's it about? – e) What
      does he want?
   3) While I was out – d) during
      my lunch break
   4) Who is it? – a) Who's on the
      line?
   5) to ring someone – b) to call
      someone
2. a) Who is it? b) What's it
   about? c) name, telephone
   number d) take

4.1. Statusberichte
1. 1)b write up; 2)c wrap up;
   3)b step up
2. a) to report on/about;
   b) to debrief on; c) to check
   up; d) drop in; e) to step up

4.2 Bestellungen
1. a) alterations; b) delivery date;
   c) a fee
2. a) inform; b) cancel; c) Due;
   d) cancellation;
   e) inconvenience

4.3 Reklamationen
1. a) have fallen; b) sent; c) has
   been; d) gathered
2. 1) I'd like to make a complaint
      – d) What seems to be the
      trouble?
   2) The goods haven't reached
      us yet – a) When did you
      place your order?
   3) The shipment is past due.
      – e) I'll get things moving
      as quickly as I can.
   4) We didn't order these items
      – c) You can return them to
      us at our cost.

5) The invoice contains several
   inaccuracies – b) Can you
   give me the invoice number,
   please?

5.1 Organisieren
1. c)
2. 1) Let's get together on Friday
      – b) to discuss the final
      arrangements.
   2) The briefing will – d) take
      place on 2nd February.
   3) The meeting is –
      a) scheduled for Monday
      morning.
   4) Each session will – c) last
      from 9.00 to 4.30.

5.2 Absagen und verschieben
1. 1) Keep your fingers crossed –
      e) To wish for good luck
   2) Things have come to a head
      – d) Things have reached
      a dramatic point
   3) Kill two birds with one stone
      – b) To solve two problems at
      once
   4) There's no use crying over
      spilt milk – c) You can do
      nothing about what has
      happened
   5) Take it from the top – a) To
      start something over again
2. a) My flight will be departing
   Wednesday morning. b) I will
   be staying at the Regency
   Hotel. c) They will be arriving
   next week.

5.3 Telefonkonferenzen
1. a) Would a telephone
   conference on the 15th be
   convenient for you? b) Should
   I speak louder? c) Could you
   please report on the sales
   figures?/Could you report on
   the sales figures, please?
2. a) minute-taker; b) interrupt;
   c) has called; d) convenient;
   e) loud and clear

Checkpoint B
1. a) place; b) amount; c) bulk; d) delivery; e) air freight
2. a) Do you mind holding? b) Do you mind calling back in an hour, please? c) Do you mind stating the purpose of your call, please?
3. c)
4. 1) -e); 2) -c); 3) -a); 4) -b); 5) -d)
5. a) doing; b) do; c) disappointing; d) quarter; e) worst; f) red; g) weak; h) slump; i) turn

6.1 Verständigungsprobleme
a) OK. How may I help you? b) Sorry? Could you speak up a bit? c) I'm sorry, but I can hardly hear you. d) Could you try hanging up and phoning again? e) All right. f) Yes, I can hear you much better now.

6.2 Falsch verbunden
1. a) I think I've dialled the wrong number by mistake.
   b) That doesn't sound like a New York number to me.
   c) Sorry, there isn't anybody here by that name.
2. a) Who are you trying to reach?
   b) Which number did you dial?
   c) Why don't you try calling the operator?

6.3 Sich entschuldigen
1. a)
2. Übersetzungsvorschläge:
   a) I'd like to apologize for the delay.
   b) Sorry, there must have been a misunderstanding.
   c) Thanks for your understanding in this matter.
   d) Sorry for any trouble./We apologize for any inconvenience

7.1 Klarstellen und zusammenfassen
1. a) Exactly. b) Yes, certainly. c) Alright, just to make sure.
2. Übersetzungsvorschläge:
   a) Can I summarize that?
   b) Could you fax that to me to avoid any mistakes?
   c) Just to double-check once again the figures.
   d) Let's just go over that once again.

7.2 Sich verabschieden
1. 1) Until then! – f) Till then!
   2) I'll get back to you on that. – a) I'll find out and get back to you.
   3) Give me a bell. – g) Give me a buzz.
   4) I think that's it – e) No, that's all.
   5) Later! – d) Talk to you later!
   6) Have we forgotten anything? – b) Is that it?
   7) Please tell ... I said hello. – c) Give my regards to ...
2. a) hearing; b) get; c) touch

Checkpoint C
1. a) hardly; b) covered; c) place
2. a) else; b) summarize; c) solution
3. b) commission
4. a) on time; b) in time; c) in time
5. 1) Sorry for any trouble. – d) No problem at all.
   2) This is a bad connection. – c) Can you hear me now?
   3) Could you speak more slowly, please? – e) Certainly. Is that better?
   4) I'd like to make a complaint. – b) What seems to be the trouble?
   5) Let's keep in touch. – a) Yes. I'll ring you next week.